KB265110

청소년을 위한
정의론

청소년을 위한 정의론

철학자 강영계 교수가
청소년을 위해 쉽게 풀어쓴 정의에 관한 모든 것

강영계 지음
건국대 철학과 명예교수

JUSTICE

해냄

한 나라가 경제적으로 부유해서 국민들이 잘 먹고 잘 산다 해도 그 것 때문에 그 나라를 선진국이라고 하지는 않는다. 선진국이란 정치, 경제, 사회적으로 안정되어 있으면서도 사회 구성원들이 높은 도덕 의식, 곧 윤리관을 가지고 있는 나라를 말한다. 넉넉한 생활을 누리 면서도 높은 수준의 문화를 창조하는 국민들의 나라를 말한다.

우리나라는 선진국 진입을 위해 온갖 힘과 노력을 기울여 왔다. 무 엇보다도 선진국의 조건은 정치, 경제, 사회적 안정과 높은 문화 수 준만 있으면 되는 것이 아니다. 사회 정의의 실현이 필수조건이다. 윤리적 가치관의 절정인 사회 정의의 실현 없이는 결코 선진국이 될 수 없다.

앞으로 문화 선진국을 책임질 세대는 청소년들이다. 청소년들의 몸과 마음이 건강하고 건전하면서 윤리적 가치관이 올바를 때 나라의 앞날이 밝다. 그런데 요즘 청소년들 사이에서는 '얼짱'이나 '꿀벅지' 같은 말이 유행할 정도로 신체 조건으로만 사람을 가름하거나, '아이돌'이나 '엄친아' 같은 표현으로 특정 집단에 속하는 청소년 또는 돈이나 권력을 가진 지배층 자녀들을 두드러지게 띄우면서 불평등을 키우고 있다.

누구나 공평하게 일하는 가치 평등의 자유를 누릴 때, 그리고 나와 남이 인격 주체로서 차별 당하지 않을 때 비로소 우리들이 행복하게 살 수 있고 사회 정의가 실현될 수 있는 기초가 마련된다.

흔히 의리를 정의로 알거나 강자의 행동을 정의롭다고 생각하기 쉽다. 어떤 사람은 정의를 단지 경험적 관습의 문제라고 주장하고, 또 어떤 사람은 변함없는 신의 선물이거나 이성적 도덕 법칙이라고 말한다.

이 책에서는 가능하면 사회 정의에 관해서 특정한 결론을 내리지 않고 정의론의 다양한 입장과 경우를 소개하려고 애썼다. 청소년들은 여러 가지 정의론을 음미하면서 대화와 토론과 의사소통을 통해서 자기 자신만의 창조적이고 개방적인 정의론을 구성하기 바란다. 이는 바람직한 사회 정의 확립을 위한 실천적 기초를 마련해 줄 것이다.

청소년들이 제도권 교육의 틀에 갇혀 소위 일류대학이라는 곳에 들어가는 일에만 골몰하는 것은 우리 사회의 양극화를 더욱 조장하는 결과를 낳을 뿐이다. 비판적 사고를 가지고 자발적으로 다양한 정의론의 입장과 경우를 분석하고 이해하고 종합·정리할 때 비로소 창의적이며 자발적인 정의론이 싹트기 시작할 것이다.

　디지털-사이버 후기자본주의 사회의 가치관은 혼란스럽고 인간의 일상은 눈코 뜰 새 없이 바삐 돌아간다. 이제 인간의 의미와 가치를 다시 따져 보아야 할 때다.

　이 책이 세상에 나온 지도 어언 10년이 더 지났다. 손볼 곳이 꽤 많아서 꼭 필요한 부분은 수정하고 보탤 곳은 짧게 새로 썼다. 인문학 방면의 출판에 심혈을 기울이는 해냄출판사 송영석 사장과 편집진 여러분들에게 깊이 감사드린다.

2024년 봄
강영계

으르렁
인간은 인간에 대하여 늑대다.

6 정의롭게 살고 싶다면

무엇이
진짜 정의일까?
혈연
지연
학연

1

의리에 살고 의리에 죽는다?

왜 의리를 찾을까

요즘 들어 우리 사회는 공정성과 정의에 대한 관심이 많아지기 시작했다. 여전히 이 문제에 무심한 사람들이 적지 않지만, 일부 사람들은 사회의 공정성과 정의를 소신껏 외친다.

"우리 사회는 민주주의 사회입니다. 그런데 그 민주주의의 핵심은 어디에 있을까요? 바로 절차에 있습니다. 말하자면 사회적 결정을 내릴 때 그 절차가 공정해야 그 사회를 민주주의 사회라고 할 수 있다는 것이지요."

"맞습니다. 공정한 절차가 지켜지는 절차민주주의 사회에서만 정의가 실현될 수 있어요. 우리 사회에 정의가 뿌리내리고 실현되어야만 우리도 선진국 대열에 낄 수 있습니다."

그런가 하면 어떤 사람들은 정의사회 실현을 불가능한 것으로 여기며 거의 절망적인 생각에 잠겨 있다.

"공정하고 정의로운 사회가 가능하다고 생각하세요? 그건 프랑스혁명* 때 겨우 모습을 보이기 시작한 개념이지요. 프랑스혁명이 내세운 건 자유, 평등, 박애였어요. 이 자유와 평등과 박애가 조화를 이루어야만 진정한 정의라고 할 수 있죠. 그런데 우리 사회를 보세요. 과거에는 말할 것도 없고 현재에도 자유, 평등, 박애가 어느 정도인가요? 과거 이승만 정권 때 사람들은 죽을 때도 '빽!' 하고 소리치면서 죽는다고 했어요. 든든한 뒷줄인 '빽(back, 배경)'이 없으면 평생 사람 노릇하기 힘들다는 얘기지요. 지금은 어떤가요? 여전히 돈 있고 권력 있는 사람들과 그 자식들이 잘 먹고 잘살고 있습니다. 공정하고 정의로운 사회라는 건 일부 사람들이 말로만 떠드는 것이지요."

"맞아요, 맞아. 혈연과 지연과 학연을 없애자고 떠드는 사람들을 잘 보세요. 그 사람들이 오히려 혈연, 지연, 학연에 끈끈하게 얽혀 있어요. 제아무리 힘없고 돈 없는 사람이라도 일단 권력과 돈을 잡으면 그 다음부터는 혈연, 지연, 학연을 동원해서 자신의 신분이 흔들리지 않게 아주 확실하게 뿌리박아 놓으려고 하죠. 우리들이 사회 정의에는 전혀 마음 쓰지 않고 혈족 중심의 의리에만 매달린다면 사람들이 외치는 정의는 대답 없는 메아리에 지나지 않아요."

　정말 우리들에게는 '정의(正義)'에 관한 생각이나 의식이 전혀 존재하지 않았을까? 과거에나 지금이나 정의에 관한 의식은 희박했을지 몰라도 정의와 비슷한 뜻을 가지고 있는 의리라는 말은 우리들에게 매우 친숙한 개념이다.

　"친구라면 당연히 의리를 지켜야 해. 의리도 모른다면 그건 진정한 친구가 아니야."

　"조직 폭력배들에게 의리는 목숨이나 마찬가지야. 의리를 저버리고 배신하는 자는 단체를 파괴하는 자라고 생각하지."

국어사전에 보면 '의리(義理)'는 세 가지 뜻을 가지고 있다. ① 사람으로서 마땅히 하여야 할 옳은 도리. ② 신의를 지켜야 할 교제상의 도리. ③ 혈족이 아닌 사람들이 혈족 관계를 맺는 일. 이 세 가지 뜻 중에서 우리들에게 가장 익숙한 것은 세 번째 뜻이다. 우리들은 핏줄처럼 서로 떼려야 뗄 수 없는 끈끈한 정을 의리로 생각하는 경향이 강하다.

"이보게. 우리가 보통 사이야? 학교 동창인 데다 부모님들도 막역한 사이가 아닌가? 그러니 우리 두 사람의 의리를 생각해서라도 자네가 좋은 자리 하나 마련해 주게. 눈 꼭 감고 사람 하나 살리는 셈 치고 내 동생 취직 좀 신경 써주게나!"

"그 재벌 총수가 대통령 특별사면*을 받아 모든 죄가 없어졌다면서? 법적인 정의가 성숙하려면 우리에게는 아직 많은 세월이 필요해. 여전히 정치·경제적인 의리가 훨씬 더 중요하니까 말이야. 후진국들을 보게나. 아버지가 자식에게 대통령이나 총리 또는 주석이나 당 서기장 직을 물려준다는 것은 그만큼 핏줄의 의리가 끈끈하다는 거야. 사회 정의에는 인간의 자유와 평등이 보장되어야 하는데 많은 후진국에서는 개인의 자유와 평등이 보장될 수 없고 오직 특권층의 의리만 중요하게 여기지."

왜 우리들에게는 사회 정의보다 혈족 간의

도리와 같은 의리가 더 중요한 것일까? 사실 전통적인 사회에서는 의리를 더 중요시한 때가 많았다. 중국의 옛 이야기 중 다음과 같은 이야기가 있다.

아버지가 도둑질을 하다가 들켜서 얼른 도망쳤다. 아버지는 포졸들의 추격을 겨우 따돌리고 허겁지겁 아들 집으로 피신하였다. 아들은 아무래도 아버지가 수상했다.

"아버지, 안색이 좋지 않은 걸 보니 또 무슨 일을 저질렀나 보네요? 그렇게 옥살이를 하고도 모자라서 또 남의 물건을 훔친 거예요? 제발 떳떳하게 스스로 일해서 생계를 책임지셔야지요. 저도 처자식 먹여 살리려고 이렇게 피땀 흘리며 살고 있어요. 제발 부탁해요. 양심적으로 사세요."

"얘야, 이번엔 훔치지 않았어. 정말 아무 짓도 안 했는데 포졸들이 나를 절도범으로 모는 거야. 며칠만 좀 쉬었다 가게 해주렴."

아들은 고민에 잠겼다.

"이를 어쩐다? 아버지니까 핏줄의 의리를 지켜 숨겨 드려야 하나? 아니면 아버지라도 법을 어겼으니까 관청에 고발할까?"

아들은 고민 끝에 마을에서 제일 나이 많고 현명한 스승을 찾아가서 도움을 청하기로 하였다. 아들의 이야기를 들은 스승이 말했다.

"네 아버지는 너의 핏줄이다. 핏줄의 도리, 곧 의리를 지켜라. 아버지를 관청에 고발하는 것은 의리를 저버리는 행동이다. 의리를 지켜서 당분간 아버지를 숨겨 드리고 편히 모셔라."

우리는 전통적으로 농경사회이며, 농경사회에서 가장 중요한 핵심 단위는 가족이다. 가족은 혈연으로 똘똘 뭉쳐 있고, 가족 안에서는 집안 어른들의 명령에 복종하여야 한다. 물론 가족 중심의 전통 사회도 정의의 씨앗은 가지고 있었다. 의리의 세 가지 뜻 중에서 두 가지는 사회 정의의 씨앗에 해당한다. 사람으로서 마땅히 행하여야 할 옳은 도리나, 신의를 지켜야 할 교제상의 도리는 정의의 씨앗에 해당한다. 그런데 우리에게 사회 정의가 낯선 것은 정의의 씨앗만 있고, 그 싹이나 꽃이 없기 때문이다.

조선시대의 지배 사상인 성리학(性理學)에 사단칠정(四端七情)*이라는 것이 있다. 사단은 측은지심(惻隱之心)으로서의 인(仁), 수오지심(羞惡之心)으로서의 의(義), 사양지심(辭讓之心)으로서의 예(禮), 그리고 시비지심(是非之心)으로서의 지(知)이다. 인, 의, 예, 지는 인간이면 누구나 가지고 있는 순수하게 선(善)한 네 가지 마음이다. 사람은 누구나 타인이 어려움에 처했을 때 측은하게 여기는 어진 마음을 가지고 있고, 나쁜 것을 수치스럽게 생각하는 의로운 마음이 있으며, 겸손하게 양보하는 마음이 있고, 옳고 그름을 가리는 마음이 있다는 것이다. 수오지심이란 나의 옳지 못한 것을 부끄러워하고 남의 착하지 못한 것을 미워하는 마음, 즉 의(義)이다. 이렇듯 우리들의 전통적인 의식 속에는 오늘날 거론되는 사회 정의의 씨앗이 있었다.

그러나 가족 중심의 농경사회에서는 가부장제도(家父長制度)*가 지배적이었기 때문에 윤리·도덕적 도리로서의 의리보다는 혈족 관계를 견고하게 하는 의리가 정의를 대신했다. 그것이 오늘날까지도 우리들의 의식 속에 오랫동안 자리 잡고 있는 것이다.

의리와 개인주의

놀랍게도 의외로 많은 사람들이 이기주의°와 개인주의°를 혼동하
고 있다.

"우리나라 사람들은 너무 개인주의가 강해. 그런데 일본 사람들은
개인주의가 약하고 오히려 뭉치면 강해지지. 한국 사람들은 하나하
나 놓고 보면 누구보다도 우수하고 탁월한데 뭉치기만 하면 패거리
로 나뉘어 서로 싸움을 한단 말이야. 그러니까 한국인은 각자 따로
놀아야지 합치면 다시 분열하고 말아."

"맞아. 일본 사람이나 독일 사람은 뭉치면 무서워. 일대일로 대하
면 어수룩한데 합치면 엄청난 힘을 발휘해. 그래서 그들이 세계대전
을 일으켰을 거야."

"우리나라 사람들은 너무 이기주의적이기 때문에 자연적으로 개인주의가 강할 수밖에 없어. 나와 내 식구 그리고 내 자식밖에 눈에 보이는 게 없다니까."

게다가 어떤 사람들은 한국인의 부정적인 측면을 강조하면서 마치 한국인에게는 미래지향적인 비전이 전혀 없는 것처럼 말한다.

"겉만 보면 우리나라는 경제 강국이면서 문화 대국이야. 그렇지만 속을 자세히 들여다보면 가망이 없어. 의리가 강하고 정의를 지킬 줄 안다고? 식구와 자식에 대한 의리는 강하지. 정치가들을 보면 정말 한심해. 국회의원 출마할 때 선언한 공약을 당선되면 헌신짝처럼 버리는 경우가 많아. 재벌 회장들? 자식이나 손자에게까지 수십억씩 미리 재산을 물려주느라고 바쁘다는 이야기가 있어. 정경유착(政經癒着)이란 말도 있잖아? 정치하는 사람들과 경제하는 사람들이 짝짜꿍이 되어서 서로 뇌물을 주고받고 자기들끼리만 의리를 지킨다는 거 말이야."

"말하면 뭐해? 입만 아프지. 내가 아는 사람이 어떤 사립대학에 교수로 취직하려다가 포기하고 말았대. 왜냐고? 독일에 유학해서 박사 학위까지 받은 청년인데 교수 채용에 응모해 서류 심사에서 일등으로 올라갔대. 그래서 면접을 보았는데 면접 보는 사람들이 대학의

개인주의
개인의 이익이나 자유 등 개인의 가치를 중히 여기는 주의

이기주의
자기 자신의 이익만을 꾀하고, 남의 처지를 돌보지 않는 주의

정원 조경비를 기부할 수 있느냐고 물어서 집안이 가난하니까 힘들다고 했대. 그랬더니 집에 가서 기다리라고 하더니 아무 연락도 없더래. 많이 공정해졌다지만 아직도 취직할 때 혈연, 학연, 지연이 큰 힘을 발휘하지. 취직하기 위해서 금전 거래하는 것도 여전히 근절되지 않았어."

이기주의는 인간의 가치에 대한 성찰이 부족하여 오로지 한 개인의 주관적인 이익만을 추구하는 것을 말한다. 정치에 있어서 군주전제주의˚나 독재주의˚는 모두 극단적인 이기주의의 형태라고 할 수 있다. 그런가 하면 개인주의는 이기주의를 극복했을 뿐만 아니라 인간의 자유 및 평등과 직결된 사상의 형태이다.

"내가 배낭여행을 하다가 프랑스 파리에서 겪은 일을 이야기해 볼까? 프랑스 사람들, 특히 파리 사람들은 개인주의가 발달한 것 같아. 평소에는 사람들이 자기 갈 길만 걸어갈 뿐이야. 내가 파리에서 지하철을 갈아타느라 이리저리 헤매다 여대생처럼 보이는 젊은 여자에게 어설픈 영어로 에펠탑 행 지하철을 어디서 타느냐고 물었지. 그러자 그녀는 유창한 영어로 자세히 설명해 주면서 내가 잘 알아듣지 못하니까 공책을 꺼내 지도까지 그려 주는 거야. 그래도 내가 잘 모르겠다고 하니까 자기를 따라오라고 하더니 에펠탑 행 지하철 타는 곳까지 직접 나를 데려다주었어. 내가 정말 고맙다고 하자 그녀는 씽긋 웃고는 바삐 자기 갈 길을 걸어갔어. 그녀를 보면서 난 평소에는 타인에게 관심이 전혀 없다가도 도움을 필요로 하는 사람이 나타나면 그 사람을 존중하면서 최선을 다해서 도와 주는 자세야말로 진정한 개인주의라는 것을 느꼈지. 또 개인은 각자 평등하며 자유롭다는 것도 느낄 수 있었어. 프랑스에서는 대학 교수뿐만 아니라 헬스클럽 트레이너도 교수(프로페서)라고 불렀어."

"우리 아빠가 독일에서 공부할 때 겪은 일이에요. 저녁 수업이 끝나고 교수와 학생 대여섯이 술집엘 갔대요. 학생들 중에서 가장 나이가 많은 우리 아빠가 술값을 내겠다고 했대요. 그랬더니 독일 학생들이 나이 많다고 다른 사람들의 술값도 내는 것은 이해할 수 없으니 생일이나 무슨 특별한 날 자기들을 초대했을 때 술값을 내라고 하면서, 각자가 술값을 계산하자고 했대요."

농경문화*의 전통을 간직한 사회의 사람들은 개인주의 의식이나 공동체 의식이 약하고 주관적 이기주의의 경향이 강하며 매사를 혈연 중심의 입장에서 생각하는 편이다. 그러므로 우리 사회에서는 아이들뿐만 아니라 어른들 사이에서도 '왕따(따돌림)' 현상이 심하다. 주관적 이기주의의 혈연 관계에서 성립하는 의리를 저버릴 경우 가차 없이 따돌림 당하고 마는 것이 우리 사회의 현실이다. 그렇지만 우리에게도 정의의 씨앗이

농경문화
농업을 경제 기반으로 하여 형성된 문화

저 깊은 곳에서 움트고 있는 것 또한 사실이다. 요새 많은 사람들은 이곳저곳을 흘깃흘깃 쳐다보면서 "도대체 사회 정의가 무엇이지?"라고 수군거린다. 궁금증에 몸이 근질거린다는 것을 느낄 수 있다.

의리가 정의일까

　고등학교 1학년 때 나는 친구들에게 따돌림 당한 일이 있다. 그 사건 이후 졸업할 때까지 고등학교 3년 내내 따돌림을 당할 수밖에 없었다. 따돌림을 당한 이유는 '의리를 배신한 놈'이었다. 1학년 여름방학 때 일이다. 소위 공부를 잘한다는 학생들 여섯 명이 일주일간 인천 앞바다에 있는 덕적도로 캠핑을 가기로 하였다. 나도 거기에 끼었는데, 우리는 세 차례에 걸쳐서 캠핑 비용을 걷기로 하였다. 그런데 2남 3녀의 형제들 사이에서 겨우 학교를 다니는 처지였던 난 도저히 부모님께 캠핑 비용을 달라고 할 수 없었다.

　친구들은 왜 캠핑 비용을 제때 안 내느냐고 따져 물었다. 난 캠핑 가기 전에 한꺼번에 내면 안 되겠느냐고 사정을 했다. 그때까지는 어떻게든 캠핑 비용을 마련할 수 있으리라고 막연히 생각했던 것이다.

하지만 여름방학이 다가와도 비용을 마련할 길이 없었다. 캠핑 떠나기 일주일을 앞두고 친구들은 왜 아직까지 비용을 내지 않느냐고 재촉했다. 나는 캠핑을 가고 싶었지만 엄마가 너무 아파서 병원에 입원해 도저히 같이 못 가겠노라고 거짓말을 할 수밖에 없었다. 친구들의 얼굴에는 비웃는 표정이 역력하였다. 결국 친구들은 그들끼리 캠핑을 다녀왔다. 그때부터 친구들은 내년 캠핑에도 같이 못 갈 거 아니냐면서 비아냥대고 코웃음을 치면서 졸업할 때까지 나를 따돌렸다. 지금도 그때 생각을 하면 친구들에게 당당히 이야기하지 못했던 내가 한심하게 느껴진다.

우리들에게는 정의가 낯설기만 하다. 특히 가족 구성원이나 친구들, 오랜 지인들 사이에서 평등을 따지거나 옳고 그름을 따지는 일은

인간성이 부족하고 매우 각박한 짓으로 여긴다. 의리는 흔히 신의(信義)와 똑같이 생각되기도 한다. 내가 고등학교 때 캠핑을 같이 못 가게 되어 따돌림 당한 것은 친구들이 나를 신의를 저버렸다고 생각했기 때문이었다.

우리들은 '인간으로서 당연히 행하여야 할 올바른 도리'를 지킨 사람보다는 '신의를 지켜야 할 교제상의 도리'를 저버리지 않은 사람을 정의롭다고 여긴다.

"큰 도로에서 차들이 다니든 안 다니든 교통 신호를 반드시 지켜야 한다고 생각해. 신호등을 세워 놓은 데는 다 그만한 이유가 있기 때문이야."

"혼자 잘난 척하지 마. 차가 다니지 않는 한밤중에도 교통 신호등만 쳐다보고 있을 거야? 좌우를 아무리 둘러보아도 차 한 대 오지 않을 때는 적당히 그냥 가는 거야. 그런 융통성도 없이 이 복잡하고 험한 세상을 어떻게 살아가려고 그러니?"

"나는 자네 생각에 절대 반대야. '노세, 노세, 젊어서 노세. 늙어지면 못 노나니'와 똑같은 거지? 대강 적당히 살자는 거지? '대강'이 사람 잡는 거 몰라? 우리나라에 아직도 널리 뿌리내리고 있는 것이 '대강'과 '적당히'야. 우리 사회와 우리 의식을 한번 자세히 들여다볼 필요가 있어. 많은 사람들이 공정한 사회, 곧 정의로운 사회를 외치지만 여전히 의리가 정의를 대신하고 있어. 정의로운 사회가 되려면 개인의 평등 의식이 꽃피어야 해. 인간의 자유와 평등이 보장되지 않으면 정의는 불가능한 거야."

물론 의리는 정의라는 씨앗을 품고 있다. 하지만 우리가 생각하는 의리는 사실 정의와는 거리가 멀다. 개인과 가족과 사회라는 테두리 안에 갇히면, 인간이 평등하다는 생각은 우리들에게는 별로 의미가 없어지고 만다. 대부분 우리는 개인 중심적이며 가족 중심적인 인간관에 더 익숙해져 있기 때문이다. 그러므로 우리는 정의보다는 혈족 간의 의리를 더 소중하게 생각한다. 그렇기 때문에 우리 사회에서는 정치, 경제, 문화 등 다양한 분야에서 일정한 지위를 유지하거나 활동을 해나가는 데 혈연관계가 무시되기 힘든 것도 사실이다.

혈연관계에 버금가는 것은 지연*이나 학연*의 의리이다. 우리 사회에서는 정치적으로나 사회적으로 지연과 얽힌 의리가 중요한 요소로 자리 잡고 있다. 어느 고등학교 또는 어느 대학교 출신인가를 따지는 학연의 의리 역시 만만치 않다.

"자네가 처음 우리 회사에 들어왔을 때 몇 차례 자네 실수를 덮어준 적이 있다네. 왜냐고? 자네가 바로 나랑 고향이 같아서지. 고향 사람 의리란 게 뭔지 알겠지?"

"회사에 취직하기 전까지 나는 공정한 사회와 정의로운 사회를 부르짖었어. 그런데 지금 취직하고 보니 내가 외쳤던 것은 다 빈 소리에 지나지 않았어. 학연이 중요하다는 것을 절실히 느끼기는 이번이

처음이야. 고등학교 선배와 대학교 선배가 의리를 지켜가면서 내 잘 못을 덮어 주고 나를 감싸 주는 데 정말 가슴이 찡하지 않을 수 없었 어. 역시 인간은 의리에 살고 의리에 죽는다는 말이 진리야."

우리 사회의 발전 과정을 살펴보자. 우리 사회는 서양의 봉건사회 나 근대시민사회를 겪지 못하고 농경사회로부터 현대 자본주의 사회 로 곧장 뛰어넘어왔다. 그래서 우리 사회 윤리의 대표적인 덕목이 표 면적으로는 사회 정의이지만 그것은 단지 명목에 지나지 않는다. 내 면의 지배적인 덕목은 여전히 혈연적인 의리이다. 좀 더 쉽게 말하자 면 우리의 사회 윤리에 관한 의식은 의리와 정의가 뒤섞여서 구별되 지 않는다고 볼 수 있다.

"조폭은 사회의 악이야. 소위 야간 업소에 가장 큰 영향을 미치는 단체는 조직 폭력배들이래. 말하자면 깡패 조직이지. 왜 미국 영화를 보면 마피아*들이 나오잖아? 마피아나 조폭의 가장 큰 무기는 뭐니 뭐니 해도 역시 의리야. 마피아에서 의리를 배반하면 인정사정 볼 것 없이 제거되잖아? 조폭에서도 마찬가지래."

"의리는 좋은 것 아니야? 인간관계를 혈연 처럼 끈끈하게 이어가는 게 왜 나빠?"

"많은 경우 공동체 사회에서 의리는 부정적 인 작용을 하고 있어. 예컨대 공무원 채용 시 험, 회사 입사 시험, 대학 입시 등에서 능력이

마피아
전 세계적으로 널리 알려진 범죄 조직. 이 탈리아의 시칠리아 섬 에서 기원하였다.

나 적성 그리고 시험 성적은 둘째 치고 의리를 내세워서 혈연, 지연, 학연 같은 걸 기준으로 합격자를 선발한다면 과연 바람직한 것일까?"

"이봐! 현실을 바로 보라고! 우선 대기업들을 봐. 재벌 총수의 자식이나 친인척들이 공정한 입사 시험을 보고 그 회사에 들어가는 경우가 있어? 공정한 경쟁을 거쳐서 진급해? 그 사람들, 엄청나게 빠른 시일 안에 대기업 간부직에 오르고 결국에 가서는 재벌 후계자가 되잖아? 또 보통 사람들은 몇 만 원만 훔쳐도 교도소에 가지. 하지만 엄청난 금융 범죄를 저지른 재벌 총수들은 처음에야 중한 벌에 처해지는 것 같지만 얼마 지나지 않아 대부분 특별사면을 받곤 하지. 뭘 좀 알고 이야기하라고!"

우리 사회를 찬찬히 들여다보면 아직도 혈연적 의리를 공정한 정의로 여기는 사람들이 의외로 적지 않다는 것을 알 수 있다. 그렇지만 이제 세계는 좁아졌고, 우리들은 더 이상 고립된 민족과 나라로 사는 것이 아니라 글로벌 시대에 세계 시민으로 살고 있으므로, 자유와 평등이 보장되는 정의로운 사회를 구축하여야 한다고 강하게 외치는 사람들이 꽤 많다.

물론 양극화 현상*이 여전히 우리 사회에서 깊어지고 있지만 그걸 극복하려는 몸부림이 사회 곳곳에서 정의의 이름으로 꿈틀거리며 고치를 뚫고 나오려고 노력하고 있는 것도 엄연한 사실이다.

사회의 부정부패

　많은 현대 철학자들은 현대인의 특징을 인간성 상실, 인간성 소외 등으로 일컫고 있다. 키르케고르는 일상적 인간의 특징을 '죽음에 이르는 병' 또는 '불안'이라고 말한다. 야스퍼스는 인간 현존재를 일컬어 '절망과 좌절의 존재'라고 한다. 하이데거는 일상적 인간을 가리켜서 '평균인'이라고 부른다. 이것을 종합해 보면, 현대인은 개성을 상실하고 모두 동질적인 인간이 되어 누구나 다 똑같이 돈에 혈안이 되어 있고 인간마저도 물질적 계산의 대상으로 생각하기 때문에 현대인은 평균인에 지나지 않는다는 것이다.

　우리 주변을 한번 냉정하게 살펴보자. 학생들은 왜, 무엇을 위해서, 어떻게 공부하고 있는가? 어른들은 어떤 삶의 목적을 위해 자신의 직업에 몸을 바치고 있는가? 사회 정의는 공정하게 지켜지고 있는가?

확실히 대다수의 사람들은 불안감을 안은 채 하루하루 살아가고 있다.

"나야 물론 잘 먹고 잘 지내고 있어. 그러나 웬일인지 매 순간 불안한 것은 사실이야. 이유가 뭐냐고? 정치·경제적으로 사회가 안정되어 있지 않기 때문이지. 좀 더 넓게 보면 남한과 북한이 분단되어 언제나 전쟁의 위험이 도사리고 있기 때문에 한층 더 불안한 거야."

"아무렴. 나도 자네와 마찬가지로 불안하지만 내게는 불안의 근거가 더 많아. 사회의 윤리·도덕적 기준이 없다는 것, 그것이 내 불안의 가장 큰 근거지. 우리나라가 선진국의 대열에 들어섰다고는 하나 아직은 사회의 윤리·도덕적 기준이 불명확해. 따라서 개인의 삶은 물론이고 사회적 삶도 안정될 수가 없어. 사람들은 공정한 사회를 말로만 외칠 뿐, 너나 할 것 없이 자기 욕심만 채우려고 하고, 그렇기 때문에 사회 곳곳에 부정부패가 널리 번질 수밖에 없어. 그러니 불안할 수밖에. 내 말이 틀렸어?"

"사람들의 일상적 삶이 불안하기 때문에 사회의 부정부패가 널리 번져 나간다는 말이 틀리지는 않지만, 그건 너무 막연하지 않아? 오

히려 사람들의 윤리·도덕적 의식이 명확하지 않기 때문에 사회의 부
정부패가 많아졌다고 하는 편이 옳겠지? 다시 말해서 윤리·도덕적
기준이 분명치 않은 거야. 전통적인 농경사회에서는 의무와 권리 같
은 걸 핏줄을 떠나서 생각할 수 없어. 부모에게 효(孝)를 행하고 임금
에게 충(忠)을 행하는 것이 도리였어. 모든 윤리·도덕적 가치들과 미
덕(美德)들은 가부장제도에 초점을 맞추었기 때문에 가정생활과 아
울러 사회생활도 혈연 중심적이면서도 남성 중심적이었어. 그러니까
개인의 자유는 물론이고 평등에 대한 의식이 싹트기 힘들었을 거야.”

　“그렇다면 우리들이 현재 말하는 사회의 부정부패는 대부분이 전
통 농경사회에서는 부정부패가 아니었단 말이군. 요새 우리들이 흔
히 접할 수 있는 부정부패 현상들을 따져 보자고. 우선 권력이나 금
전을 사용해서 군 입대 면제를 받는 행동은 불법적이지. 언젠가 신문
에 국회의원들을 비롯한 정치가들과 장·차관들 같은 행정가들, 그리
고 대학 교수들 중에 군 면제자들이 의외로 많다는 기사가 났어. 뭔
가 구린내가 나지 않아? 일부 유명 가수들과 배우들도 정신 이상이나
신체 질병 등으로 병역을 면제받았는데 무대에서는 정상인들보다 더
힘차게 뛰면서 노래하거나 연기했어. 세무 공무원들이 뇌물 받고 세
금을 깎아 줬다는 기사도 읽었어. 국회의원들 일부가 뇌물을 받거나
이권에 불법적으로 개입해 재판을 받고 국회의원직을 잃는 경우도
있어. 시장이나 군수가 뇌물을 받거나 친인척을 채용하는 데 관여한
예들도 꽤 있지. 대통령을 비롯해서 국무총리나 장관 후보자들 인사
청문회를 보면 가관이야. 위장 전입은 어쩌다 실수한 거라고 너나없

이 평계를 대지. 위장 전입한 것이 사실이라면 그에 해당하는 징역이나 벌금형을 당해야 해. 게다가 행정직도 맡지 말아야 해. 그런데 권력과 돈이 있어서 그런지 죄를 묻지도 않는 거야."

대의민주주의(代議民主主義)*에 의해서 법이 정해지고 그러한 법이 지켜지는 사회가 질서 있고 정의로운 사회이다. 물론 법의 기초가 되는 사회의 윤리와 도덕에 대한 시민의식도 어느 정도 확고하여야만 질서 있고 정의로운 사회가 빛을 발할 수 있다. 우리 사회에 아직 정의가 제대로 실현되지 못하고 사회 곳곳에 부정부패가 널리 번진 데에는 몇 가지 이유들이 분명히 있다. 우선 현대 사회의 특징인 금전만능주의와 물질만능주의가 우리 의식에서 큰 부분을 잠식하고 있다. 게다가 우리는 전통적인 농경문화의 혈연 중심적 이기주의와 가부장적 사고의 틀을 벗어나지 못하고 있다.

지금 우리들은 더 이상 혈족 중심의 농경사회에서 살고 있지 않다. 우리들은 21세기 후기자본주의 사회, 곧 후기산업사회에서 삶을 영위하고 있으며, 이곳에서는 개인의 자유와 평등 그리고 정치, 사회적 정의가 절대적으로 필요하다. 공정하고 정의로운 사회가 먼저 이루어지지 않으면 사회의 부정부패도 해결하기 어렵다.

양극화의 극복은 가능할까

요즈음 사회 양극화가 점점 더 심해지고 있다는 말이 심심치 않게 들린다.

"오래전부터 정부에서 크게 잘못하고 있어. 물론 일부 국민의 의식도 문제야. 사회 양극화가 심해지고 있는데도 정부는 제대로 대처하지 못하고 있어. 양극화 해소를 위해 다양한 노력을 기울이고 있다는데 말뿐이지 실질적인 효과는 없단 말이야."

"정부만 탓할 것이 아니야. 대기업 임직원들과 중소기업이나 아주 작은 공장에 다니는 직원들의 봉급이나 복지를 비교해 보면 깜짝 놀라지 않을 수 없어. 여전히 대부분의 의사, 변호사, 대학 교수들은 소위 '철밥통'들을 안전하게 확보해 놓은 사람들이야. 보통 사람들의 생활과는 거리가 멀뿐더러 하층민들의 어려움이 얼마나 심각한지 알리가 없지. 수많은 공공기관에는 비정규직 직원이라는 사람들이 생활을 안정적으로 보장받는 정규직 직원과 양극화를 이루고 있어.”

"양극화를 이야기하자면 한도 끝도 없어. 아직도 파출부나 가정부가 합당한 대접을 못 받고 일해. 게다가 많은 아파트 경비원들도 열악한 급료와 근무 환경으로 고통 받고 있고, 각종 공사 현장이나 음식·숙박업계에도 역시 수많은 일용직 노동자들이 숨 가쁘게 살아가고 있어. 그런가 하면 어떤 사람들은 특급호텔 레스토랑이나 고급 피트니스 클럽을 즐겁고 행복한 얼굴로 자유롭게 드나들지. 골프장에

가보면 각종 고급차들을 몰고 외제 골프채를 신나게 휘두르는 사람들이 있는데, 얼마나 많은지 그 수를 이루 다 헤아리기 힘들 정도야. 그뿐인가? 신도시의 고급 빌라와 대도시의 주상복합 아파트는 한 채에 수십억 원 이상 하는 것들이 부지기수래."

우리 사회의 양극화는 주로 가진 자와 못 가진 자로 나뉜다. 알기 쉽게 말해서 부유층과 빈곤층이다. 돈과 권력과 학벌은 항상 붙어 다니는 것들이라서 그런지 부유한 계층의 사람들은 사회적 지위도 탄탄하고 대부분 일류대학 출신이다. 그런가 하면 못 배우고 가진 것 없는 사람들은 사회적 지위도 낮고 하루하루 살아가기도 어렵다.

"배우지도 못 하고 가진 것도 없는 사람에게 제아무리 자유니 평등이니 외쳐 봐야 아무 소용없어."
"나는 생각이 좀 달라. 우리 사회도 이젠 선진국 대열에 섰고 적어도 민주주의 정치가 실현되고 있어. 누구에게나 기회균등*이 보장되어 있어. 꼭 가진 자들의 자식들에게만 돈 벌고 권력을 가질 기회가 주어지는 것이 아니야. 국회의원들 중에는 어려서 못 먹고 못살던 사람들이 꽤 있어. 의사나 변호사들 중에도 집안이 매우 가난했던 사람들이 꽤 많아. 그러니까 양극화가 마치 고정되어 있는 것처럼 주장하는 것은 잘못된 생각이야. 법적으로도 누구에게나 출세할 기회가

> **기회균등**
> 모든 국민에게 사회의 모든 방면에서 능력을 발휘하고 권리를 획득할 수 있는 기회를 균등하게 부여하는 것

보장되어 있단 말이야."

"우리 사회의 구석구석을 잘 살펴보고 이야기해. 물론 양극화가 많이 감소되고 있는 것이 사실이고, 가진 자와 못 가진 자의 격차도 조금씩 좁아지고 있는 것도 사실이야. 그러나 또 다른 면에서 보면 양극화는 한층 더 심해지고 있어. 가게만 해도 대형마트는 번창하는데 동네 구멍가게나 슈퍼는 점점 사라지고 있어. 병원만 해도 대형병원이나 대학병원은 환자들로 북새통이지만 동네의원은 명맥을 유지하기 힘들어. 여전히 돈과 권력과 지위를 가진 소수가 덜 가지거나 못 가진 자들 위에 군림하고 있지. 특히 사회 전체가 디지털화되면서 가진 자들이 못 가진 자들을 조종하는 수법이 교묘해지고 있어. 인간이란 근본적으로 동물이고, 동물 세계의 법칙은 약육강식(弱肉强食)이야. 인류 역사를 통해서 가진 자, 곧 강자가 못 가진 자, 즉 약자를 지배하는 것은 불변의 진리라고 생각해."

인간의 특징은 여러 가지 있겠지만 가장 대표적인 것은 반성과 사유이다. 반성은 말 그대로 자기 자신을 살피며 돌아보는 일이다. 사유는 자기 자신이 누구이고 무엇이며 어떤 의미와 가치를 가지고 왜 이 세상을 살아가는지 생각하는 일이다. 우리들은 이제 더 이상 농경사

후기산업사회
대규모의 생산, 대량 상품 생산을 위한 표준화, 효율적인 집중 등을 특징으로 하는 사회. 정보화의 진행으로 정보화 사회라고도 부른다.

후기자본주의
벨기에의 경제학자 에르네스트 만델(1923~1995)이 주장한 개념으로, 자본주의의 마지막 단계이며 기술혁명이 특징이다. 생산 분야의 기계화가 실업을 유도할 수 있다는 점에 주목했다.

회의 삶을 살아가고 있지 않다. 우리가 삶을 전개하는 사회 공간은 21세기 후기산업사회*에서 후기자본주의* 사회이다.

공동체 사회에서 인간들이 의사소통을 할 수 있는 근거는 바로 반성이다. 반성은 양극화 극복을 가능하게 해 줄 뿌리이다. 인간은 반성을 통해 공감(共感)을 체험할 수 있다. 타인은 또 다른 나이며 나는 또 다른 타인이다. 이 세상에서 인간은 홀로 존재할 수 없으며 또 홀로 존재하지 않는다.

인간이 반성 또는 사유를 통해 인간 존재의 자유와 평등을 의식하고 나아가서 사회 정의를 실천적으로 수행할 때 비로소 양극화의 극복이 시작될 것이다. 어디까지나 인간은 반성하고 사유하는 사회적 동물인 한에 있어서 인간의 가치를 가질 수 있다.

우리의 소원은 통일

남녀노소 할 것 없이 남북문제만 나오면 '우리의 소원은 통일'이라고 입을 모아 말한다. 6·25전쟁으로 남북이 분단된 이후 우리들은 지금까지도 여전히 통일에 대한 구체적인 대안을 찾지 못하고 있다. 이미 베트남과 독일은 통일 국가를 이루어 더 이상 핏줄끼리 흩어져 살지 않고 있으며, 분단되었을 때보다 한층 안정되고 강한 국가의 모습을 꾸려 가고 있다. 우리가 "우리의 소원은 통일"이라고 노래하면서도 여전히 남북으로 분단된 채 통일되지 못하는 이유는 무엇일까?

몇 차례 남과 북에서 이산가족[*] 상봉이 있었다. 분단 이후 50~60년이 지나 잘 알아보지도 못하는 혈육들이 만나서 한을 풀어놓으며

이산가족
한국전쟁으로 인한 남북 분단으로 헤어지고 흩어져서 서로 소식을 모르고 지내는 가족

통곡하는 모습을 보고 눈시울 적시지 않는 사람이 없었다. 전직 대통령들이 여러 번 북한을 방문하였고, 남북의 수뇌들이 직접 만나서 남북 상호협력과 평화에 관해 깊게 논의한 일도 있었다. 남한에서 북측에 소 떼도 보내고 비료와 쌀, 밀가루, 옥수수 등을 원조하기도 하였다. 국제적인 스포츠 경기대회에 한반도기*를 흔들면서 함께 참가한 일도 있었다. 남북한 사람들이 함께 모였다가 헤어지기 전에는 〈우리의 소원은 통일〉이나 〈나의 살던 고향은〉을 목놓아 부르면서 눈시울을 적셨다.

통일의 싹이 보이는 듯했다. 하지만 남북한은 '가까우면서도 너무나도 먼 당신'과 같은 사이처럼 여겨진다. 천안함 침몰 사건이나 연평도 포격 사건, 핵실험 징후나 미사일 발사 등과 같은 일들이 벌어지면 당장 전쟁의 아비규환이 전개되는 것이 아닌가 하는 불안감이 엄습한다.

"천안함 침몰 사건이나 연평도 포격 사건 등을 접할 때마다 과연 남북이 한 민족인가 하는 의심마저 들어. 어떻게 같은 민족을 향해서 포탄을 쏘아 댈 수 있으며 심지어 민간인을 죽일 수 있어? 남과 북이 통일되려면 시간을 두고 서로 인내하면서 조금씩 양보하고 타협할 자세가 되어 있어야 하는 것 아니야? 특히 북

에서는 왕조와 같은 세습* 체제를 이어가면서 한반도를 공산주의 체
제로 무력통일 하자는 심사인데 그런 건 정당한 통일이 결코 될 수
없어."

"나는 비록 나이가 어린 고등학생이지만 어른들이 왜 남북한 통일
을 그토록 고집하는지 알 수 없어요. 한 민족이 갈라졌다고 반드시
통일을 해야만 하나요? 뉴질랜드와 오스트레일리아는 국민들 대다수
가 원래 영국인들인데 이들은 왜 통일하지 않지요? 또 독일과 오스트
리아는 둘 다 독일어를 사용하고 인종도 거의 같은데 왜 통일하지 않
나요? 내가 생각하기에는 남한도 북한을 내버려 두고 남한만 발전하
면서 잘살면 될 것 같아요. 공연히 통일을 내세워 북한을 자극하고
시시때때로 북한의 불장난에 놀아나기보다는 아예 통일에 대한 생각
을 접고 우리만 열심히 정치·경제·문화적으로 세계를 향해 달려가
는 것이 우리 사회 구성원의 행복을 위한 길이라고 믿어요."

"그렇지 않아. 베트남이나 독일을 보면 통일이 같은 민족에게 얼마
나 중요한지 잘 알 수 있어. 식구끼리는 함께 살아야 한다는 말도 있
잖아? 6·25전쟁으로 생이별을 한 이산가족 수가 얼마나 되는지 알
아? 핏줄이 헤어져서 60년, 70년이 지나도 서로 만나지 못한다는 것
은 인간 사회에서는 절대로 있어서는 안 될 일이야. 정권을 잡은 권
력 집단의 이기심 때문에 힘없는 국민들이 핏줄끼리도 못 만나고 있
는 건 말이 안 돼! 남북한이 통일되면 확실히 정치·군사적으로뿐만
아니라 경제·사회·문화적으로도 강한 국가가 될 거야. 통일되면 러
시아·중국·일본·미국 같은 강대국들의 눈치도 볼 필요 없을 테니

그들과 어깨를 나란히 하고 주체적 외교를 펼칠 수 있을 거야. 남북한이 통일되어야 할 이유는 또 있어. 남북한은 하나의 문화 공동체야. 서로 같은 말을 하며 같은 글을 쓰고 청자와 백자를 구워 냈으며 아리랑을 부르는 한 민족이기 때문에 남북한은 반드시 통일되어야 하는 거야."

왜 남북한이 통일되어야만 하는가에 대한 이유들은 너무나도 분명하다. 그러나 통일의 절차와 방법은 그렇게 쉽사리 제시되지 않는다. 남북한 사람들의 정치·경제·사회에 관한 의식이 아직 자유롭고 평등한 개인들의 공동체 의식을 구체적으로 실현하지 못하고 있다. 게다가 한반도의 지정학적(地政學的) 상황이 남북한의 통일에 매우 불리하다. 우선은 중국·러시아·일본·미국 등 강대국들이 각각 자기들의 이익을 먼저 따질 것이기 때문에 조건 없는 남북한 통일을 용인할 리가 없다. 참을 인(忍) 자 세 번이면 죽은 사람도 살린다는 말이 있다. 무엇보다도 우리들이 스스로 각성하여 정치·경제·문화적으로 세계에 우뚝 서는 것이 중요하다. 동시에 통일의 방법을 끈질기게 모색하면서 끊임없이 북한과 의사소통을 활성화하는 것이 중요하다. 열 번 찍어 넘어가지 않는 나무가 없다고 한다. 통일에 대한 의지와 통일을 위한 실천적인 의사소통만이 통일을 앞당길 수 있는 것이다. 공정한 실천적 의사소통은 사회 정의의 실현을 위한 담론이다.

생각해 볼 문제

1. 친구들 사이의 의리는 무엇인가? 의리를 배반한 경험이 있다면 그 경험에 대해서 이야기해 보자.

2. 의리는 집단 이기주의적 성격이 강하다. 소위 조직 폭력배들의 의리가 올바른지의 여부에 관해서 서로 논의해 보자.

3. 의리와 정의의 유사점과 차이점을 지적해 보자.

4. 사회 각 분야에서 여전히 부정부패가 발생하고 있다. 그러한 부정부패의 방지책이 있다면 무엇인가?

5. 우리 사회에서는 가진 자와 못 가진 자 사이의 격차가 점점 벌어지고 있다. 양극화가 심화되면 사회 정의에 어떤 문제점을 일으키는가? 양극화를 막을 수 있는 여러 가지 대안들을 제시해 보자.

6. 남북한의 통일과 사회 정의의 실현은 어떤 관계가 있는지 서로 논의해 보자.

2

강한 자의 행동에 대하여

돈과 권력의 힘

    과거 우리 사회에는 "사람들은 죽을 때도 '빽' 하고 죽는다."는 말
이 있었다. 거의 대부분의 사람들이 못 먹고 못살던 때였다. 변변한
옷이나 신발을 걸치기도 버거울 정도로 하루하루 살아가기가 힘들던
시절이었다. 번듯한 기와집이나 양옥집에 자가용과 전화기가 있는
집은 말 그대로 잘 사는 집, 곧 부잣집이었고 빽이 든든한 집이었다.
든든한 배경, 곧 빽(back)은 잘 살도록 뒤를 밀어 주는 돈과 권력 그
리고 혈연, 지연, 학연 등이었다.

    지금은 옛날에 비하면 사회가 많이 깨끗해졌다. 지위가 높건 낮건
부정부패를 멋대로 저지를 수 없는 사회가 되었다. 우리 사회의 구성
원들도 웬만큼 민주주의를 체험하였고, 어느 정도는 정의로운 사회
가 이룩되었다고 말할 수 있다. 우리들이 정의로운 사회의 민주주의

를 맛보기 시작한 것도 사실 얼마 되지 않는다. 최근에야 참다운 자유와 평등을 맛보기 시작했으니까 말이다.

그렇지만 오늘날에도 여전히 사회 곳곳에서 부정부패가 암암리에 저질러지고 돈과 권력을 가진 강한 자들이 자신의 행동을 정의롭다고 확신하는 경우를 심심찮게 볼 수 있다.

고대 그리스 시대에도 돈과 권력을 소유한 강한 자의 행동이 정의롭다고 굳게 믿는 궤변 철학자(소피스트)*가 있었다.

플라톤*의 『국가론』*에 나오는 소크라테스*와 트라시마코스*의 대화를 살펴보자. 소크라테스와 트라시마코스의 정의에 관한 대화를 이해하기 쉽게 고쳐 보았다.

소크라테스 트라시마코스여, 사람들이 정의에 관해서 왈가왈부하는데 자네는 정의가 뭔지 알고 있는가?

트라시마코스 아, 그거야 뻔하지요. 강자의 행동은 모두 정의지요.

소크라테스 왜 그런지 설명할 수 있나?

트라시마코스 제가 알기로 정의는 윤리적 덕목 중에서 가장 으뜸가는 덕입니다. 강자가 어떤 행동을 하면 사람들은 그것을 잣대로 삼고

강자의 행동을 따릅니다. 그렇기 때문에 자연
히 강자가 행하는 것은 모두 정의지요.

소크라테스 하긴 자네 말도 일리가 있네. 예
컨대 왕이나 귀족들은 자기들 마음대로 돈을
주무르고 권력을 행사해도 백성들은 그런 행
위에 대해 아무런 비판도 하지 않아. 그러니까
강자들의 행동은 항상 올바른 것으로 평가받
을 수도 있겠지. 그렇지만 트라시마코스여, 자
네가 말하는 강자는 인간인가?

트라시마코스 당연히 인간이지요.

소크라테스 그렇다면 인간은 누구나 항상 올
바르게 행동하는 것이 아니고 때에 따라서는 실수하고 잘못을 범하
지 않는가?

트라시마코스 물론이지요.

소크라테스 그럼 강한 자도 인간이고 그는 실수할 수 있으니까 정의
롭게 행동할 때도 있고 정의롭지 않게 행동할 수도 있겠군.

트라시마코스 당연하지요.

이 대화에 따르면 강자의 행동이 정의라고 하는 주장은 옳은 것이
아니다. 마찬가지로 약자의 행동을 불의라고 하는 주장 역시 옳지 못
하다. 강자든 약자든 올바르게 행동을 한다면 그런 행동이 정의일 것
이다.

"정의가 무엇이냐고? 현실적으로는 정의가 있을 수 없어. 그런데 왜 우리들이 사회 정의를 이야기하지? 정의란 올바름이야. 올바름이란 자유와 평등이 반드시 그 안에 담겨 있어야 해. 사실 정의는 우리 생각 속에 가지고 있는 이상(理想)이고, 이것을 현실 사회에 실현시키려고 우리는 정의로운 사회를 부르짖는 것이라고 믿어."

"나도 비슷하게 생각하지만 내 생각은 더 구체적이야. 많은 사람들은 현실적이어서 눈앞의 현상을 진실로 받아들이지. 그래서 돈과 권력의 힘을 정의라고 생각하는 것 같아. 돈과 권력은 정의를 실현하기 위한 수단이 될 수는 있어도 그것이 가진 힘이 정의가 될 수는 없어. 정의는 어디까지나 인간을 목적으로 삼는 사회 윤리적 덕목이야."

사회 정의에서 인간의 지혜나 용기 또는 절제를 배제하면 그것은 무의미한 것이 되고 만다. 디 나아가서 개인들의 자유와 평등까지 배제하면 사회 정의란 전적으로 불가능해진다.

2022년 초 러시아가 여러 가지 이유를 대면서 우크라이나를 침략하였다. 과거에 나토가 더 이상 동쪽으로 세력 확장을 하지 않겠다고 약속했는데도 우크라이나가 나토에 가입하려고 한다는 것, 과거에 우크라이나는 구소련 영토였다는 것 등을 이유로 러시아는 우크라이나를 침략하였다. 그러나 전쟁 의사가 전혀 없는 우크라이나를 러시아가 일방적으로 침략하는 행위는 정치적으로나 사회적으로나 결코 정의일 수 없다.

인간에게는 얼마만큼의 돈과 권력이 필요할까

고고학*이나 인류학*에 관한 책들을 보면 인류는 도구를 사용하고 불을 발명하면서부터 다른 동물들과 자연을 지배하기 시작하였다. 지성의 급격한 발달에 따라 말과 글을 사용하게 되면서 인간은 문명과 문화의 창조자가 되었다. 그런데 인간 역사에서 매우 특이한 것은 인간이 문화의 창조자가 되는 동시에 문화의 피조물이 되었다는 사실이다.

"정말 인간은 문화적 존재야. 문화의 요소들이 무엇이냐고? 상세히 열거하자면 무수히 많지만 대강 도덕, 철학, 예술, 종교 등이 대표적인 것들이지. 인간도 처음에는 아마 개나 호랑이처럼 살았을 거야. 그러나 직립보행을 하면서 지성이 획기적으로 발달하게 되자 도구와 불을 발명하고 언어를 통해 의사소통이 가능하게 되었지. 점차 복잡한 사회, 곧 씨족사회와 부족사회를 건설하게 되었어. 최초의 씨족사회에서는 도덕과 철학, 예술과 종교 등이 혼합된 문화 형태가 있었지. 말하자면 수시로 공동체 집단이 모여서 제사를 지내면서 춤을 추고 먹고 마시고 했어."

"나도 이해할 것 같아. 그래서 개인이나 집단이 도덕과 학문, 예술과 종교를 만들어 냈다는 거지? 그러면서 인간은 자신이 만든 도덕이나 철학, 종교의 영향을 지대하게 받는다는 것 아니야?"

"바로 그거야. 모든 동물들은 욕망 충족으로 일생을 장식해. 개나소나 새나 모두 식욕, 갈증욕, 성욕 등 본능적 욕망을 충족시키는 것으로 일생을 보내잖아. 인간도 물론 본능적 욕망을 충족시키지. 그러면서도 동시에 다른 동물들과 달리 문화적 욕망을 충족시키고 있어. 책을 읽고 쓰거나 그림을 그리고 노래를 부른다든가 기도 드리면서 예배를 거행하는 것은 문화적 욕망을 충족시키려는 행동들이야."

"그럼 돈과 권력에 대한 욕망은 어떤 성격의 것이지? 돈과 권력은 본능적 욕망과 문화적 욕망을 모두 충족시켜 줄 수 있다고 믿기 때문에 너나 할 것 없이 돈과 권력을 추구하는 것이 아닐까? '잘 먹고 죽은 귀신이 때깔도 곱더라.'라는 말이 있어. 물론 '광에서 인심난다.'는 소리도 있지. 결국 돈과 권력이 있으면

고고학
고대의 물질적 유물이나 고대 인류 생활 전체를 대상으로 과학적으로 연구하는 학문

인류학
사람을 직접적인 연구 대상으로 하여 기초적이고 종합적인 이해를 목적으로 하는 학문

충분히 하고 싶은 일을 할 수 있으니까 웬만한 욕망은 다 충족시킬 수 있다는 얘기야."

"그러고 보면 인간은 참으로 약아빠진 존재야. 동전이나 지폐를 만들어 놓고 그것이 얼마만큼의 가치를 상징한다고 관습이나 법으로 만들어 놓은 다음에 동전이나 지폐를 욕망의 대상으로 만들어 버렸어. 어디 그뿐이야? 시장, 도지사, 대통령, 시의원, 국회의원 등의 자리를 만들어 놓고 그런 자리에 앉으면 권력을 행사할 수 있다고 약속해 놓지. 다음에 서로 그런 권력의 자리를 차지하려고 다툼을 벌이고 있어. 참 인간은 묘한 존재야."

"이것만은 확실해. 이제 인간은 문화화, 문명화되었기 때문에 더 이상 과거의 자연적 원시인으로 돌아갈 수 없어. 후기산업사회에서 돈과 권력은 본능적 욕망과 문화적 욕망 모두를 충족시킬 수 있는 수단이 되었어. 때문에 돈과 권력에 의해서 사회의 불평등과 불의가 뚜렷하게 드러나게 되었어. 그러니까 인간이 돈과 권력을 어떻게 사용하는가가 인간다운 삶을 사는지 그렇지 않은지를 결정하는 중요한 변수가 될 수 있어."

개인들이 얼마만큼의 돈과 권력을 가지는 사회가 정의로운 사회일까? 21세기에 들어 대부분 국가들은 경제적으로 자본주의 제도를 택하고 있다. 중국은 특이하게 정치는 공산주의를, 경제는 자본주의를 채택했다. 북한이나 쿠바의 경우, 정치는 사회주의이고 경제는 공산주의이지만 거의 독재 체제이다. 대부분의 자유 진영 국가들에서는 가진 자와 못 가진 자의 양극화가 사회의 고질적인 문제이다. 그런가 하면 소수의 공산 독재 진영에서는 극소수 지배 계층에게 돈과 권력이 몰려 있고, 대부분의 국민은 가난하고 힘이 없다.

"한 사람이 얼마만큼의 돈과 권력을 소유해야 정의로운 사회라고 할 수 있을까? 내가 경험한 바에 따르면 스칸디나비아 국가들, 즉 덴마크, 노르웨이, 스웨덴, 핀란드 국민들 수준의 돈과 권력(또는 권리)을 누린다면 정의로운 사회가 가능할 것 같아. 집 문제가 해결되고, 먹고 입는 일에도 큰 문제 없고, 적성에 맞는 일을 하고, 취미 생활을 즐기고, 노년의 연금과 의료 문제가 해결된다면 그런 사회는 정의로운 사회일 거야.

아니면 독일이나 프랑스 국민들 수준만 될 수 있어도 좋겠어. 스칸디나비아 국가들보다는 못해도 독일이나 프랑스 사람들도 충분히 자유와 평등을 누리면서 사는 것 같으니까 말이지.

얼마만큼의 돈과 권력(또는 권리)을 소유해야 정의로운 사회가 성립되느냐고 물으려면, 무엇보다도 정의로운 사회의 기초는 공동체 의식이라는 사실을 먼저 염두에 두고 물어야 할 거야. 인간(개인)의 자유와 평등이 보장되는 정의로운 사회는 독재 지배층을 위한 것도 아니고, 그렇다고 소위 가진 자들의 것도 아니며, 무가치한 대중 집단의 것도 아니고, 인격적 주체인 개인들의 것이기 때문이야."

주체적 개인들이 확실한 공동체 의식을 가지고 공동체에 참여한다면 그러한 사회에서는 당연히 성숙한 민주주의 의식이 실현될 것이다. 동시에 그곳에서는 가능한 한 각자의 인격과 적성에 맞게 일자리와 돈과 권리가 할당될 것이다. 그러한 사회를 열린 민주주의 사회라 부를 수 있다.

사회는 어느 사회나 이익사회의 측면과 공동사회의 측면을 가지고 있다. 한 사회가 이익사회의 측면을 가지고 있으면서도 한층 더 공동사회의 측면을 발전시킬 수 있을 때 그 사회는 정의로울 수 있다.

사자의 얼굴과 양의 얼굴

　　이 세상에서 인간처럼 복잡한 존재도 드물다. 많은 사람들은 자유와 평등, 정의를 외치면서도 현실적으로는 불의(不義)를 행하고 있다. 많은 사람들이 독재자의 뜻을 따라서 꼭두각시처럼 행동하면서 입으로는 자유와 평등이 실현되고 있다고 외친다.

　　"우리들 인민은 위대한 영도자의 뜻에 따라서 이 세상에서 가장 행복하게 살고 있습니다. 우리의 영도자는 우리들이 원하는 것을 다 마련해 주고 해결해 주기 때문에 우리들 인민은 이 세상 누구보다도 행복합니다."

　　독재 정치가 성공적으로 실행되고 있는 곳에서는 대중들이 한결같이 입을 모아 지배자를 칭송한다. 우리 사회에서도 얼마 전까지만 해도 많은 사람들이 독재자를 지지하는 집단에 무조건 따랐다. 물론 이승만 정권 때부터 독재를 반대하는 사람들이 있었고, 이후 군사 독재 정권 때도 독재 정치를 반대하는 사람들이 권리를 쟁취하기 위해서 많은 희생을 치렀기 때문에 우리들은 지금 이만큼이라도 사회 정의를 누리고 있다.

어떤 철학자는 정치가의 얼굴에 대해서 이렇게 말하였다.

"정치 권력을 가진 지배자들은 평상시에는 양의 얼굴을 가지고 있다. 그러나 위급한 상황에 처하거나 그들이 반드시 권력을 휘둘러야 할 경우 양의 탈을 벗어던지고 사자의 얼굴을 보여 준다."

동서고금을 통해 무수히 많은 폭군과 독재자들이 존재했다. 진시황*, 네로*, 연산군*, 히틀러*, 무솔리니*, 스탈린*, 김일성*, 카스트로* 등은 잘 알려진 폭군 내지 독재자들이다. 이들은 대중과 어울려서 때로는 양의 탈을 쓰기도 하였고, 때로는 사자의 탈을 쓰기도 하였다.

프로이트의 정신분석학적 입장에서 볼 때 독재자의 권력과 대중의 추종은 다음처럼 말할 수 있다.

"독재자나 폭군은 혼자 권력을 휘두를 수 없어. 군중이나 대중이 있어야 권력을 마음대로 휘두를 수 있지. 엄밀히 말해서 개성을 상실한 개인들의 집단이 바로 대중 또는 군중이야. 개인이 일단 군중에 휩쓸리면 어떻게 되는지 알아? 그는 자신의 개성을 헌신짝처럼 집어던지고 자신의 숨어 있던 욕망과 충동을 모두 군중 속에서 발산시키면서 자기 자신은 가장 개성적으로 행동한다는 환상에 잠겨 버려. 청소년들은 감정에 휩쓸리기 가장 쉬운 나이이기 때문에 군중심리*에 쉽게 동화해 버리곤 해. 아이돌 가수들이 텔레비전이나 스마트폰에 뜨면 청소년들은 자신을 잃고 아이돌 가수들을 따라서 노래하고 소리 지르며 옷도 행동도 따라해. 그렇게 따라하는 것을 청소년들은 자기들의 개성이라고 우겨 대는 거야."

"그래. 맞아. 대중과 지배자의 현상을 나는 중국에서 아주 분명히 볼 수 있었어. 몇 년 전 중국 남쪽에 있는 계림에 갔어. 그곳에는 여러 이민족들이 살고 있었어. 낮에 보니 이민족들이 사는 집들은 초라했고, 그들은 여러 곳에서 열심히 일하고 있었어. 그런데 어둠이 깔리기 시작하니까 저녁밥을 먹은 후 남녀노소가 강가 여기저기에 모여서 음악에 맞추어 춤을 추는 거야. 적게는 열댓 명, 많게는 이삼십 명이 떼를 지어서 흥겹게 춤을 추고 있었지. 그들은 매일 저녁 강가에서 그렇게 춤추면서 덥고 끈끈한 아열대의 밤을 보내고 있었어. 그게 뭐 어떠냐고? 이민족들은 순한 대중 집단이지. 그들이 밤마다 춤에 빠지게 만들면 정치에 대한 관심이 멀어지겠지. 정치에 관해서 왈가왈부 못하게 만드는 거야. 양의 탈을 쓰고 이민족들을 춤판을 만들어 주지만 사실은 사자의 얼굴을 감추고는 그들을 무자비하게 지배하고 있는 거야."

"그 얘기는 돈과 권력을 소유한 지배층이 군중을 휘두르면서 자신의 지배가 정의롭다고 하는 거란 얘기지? 결국 강자의 논리가 정의이며 강자의 행동은 모두 정의롭다는 거 아니겠어? 조금 전에 말한 한족의 이민족 지배 경우를 보아도 한족이 양의 탈을 썼을 때나 아니면

급해서 사자의 얼굴을 내밀 때나 결국 한족은 옳다는 것 아니겠어?”

한술 밥에 배부를 리 없을 뿐만 아니라 로마도 하루아침에 이루어질 수 없다. 하물며 사회 정의도 특정한 짧은 기간에 성숙할 수 없다. 오랜 농경문화의 역사를 가진 사회를 비롯해서 수많은 후진국 지역 사회들에서 사회 정의가 실현되지 못하고 있는 데에는 다 그럴 만한 충분한 이유가 있는 것이 사실이다.

사회 정의가 실현되기 위해서는 몇 가지 근본적인 조건들이 반드시 필요하다. 우선 사회 구성원들의 정의에 대한 다양한 체험이 필요하고 그러한 체험의 의미에 대한 비판적 반성이 요구된다. 다음으로는 개인과 공동체의 책임과 그 의미와 권리에 대한 인식이 필요하다. 그리고 공동체 안에서 왜 개인들이 자유롭고 평등하여야 하는지에 대한 각성이 꼭 필요하다. 사회 정의 실현을 위해서는 사자나 양의 탈을 쓰고 수시로 권력을 휘두르는 지배자가 아니라 인간을 삶의 목적으로 인정하는 공동체 사회의 구성원들이 필요하다.

눈에는 눈, 이에는 이

    현대 사회를 '가치관을 상실한 사회'라고 말하는 사람들이 있다. 가까이 주변만 둘러보아도 가치관이 매우 혼란스럽다는 것을 잘 알 수 있다.

    어떤 중·고등학교 선생님이 학생을 구타하여 학부모가 선생님을 폭행 혐의로 고발한 사건이 있다. 그런가 하면 초등학교, 중학교 학생이 선생님을 때려서 문제가 된 일도 있다. 특히 반인륜적(反人倫的) 범죄에 속하는 아동 성폭행 사건이 자주 일어나고 있다. 아동 성폭행 사건은 가장 대표적인 가치관 혼란 현상이다.

    최근 우리 사회에서는 아동 성폭행범에 대해서 가능한 최대한의 형량을 부과한다. 장기간 교도소에서 실형을 살고 형기를 마쳤어도 오랜 기간 행적을 추적할 수 있는 전자발찌를 의무적으로 채운다. 이처럼 흉악한 범죄에 대해 그 범죄에 어울리는 처벌을 하는 정의를 응보적 정의 또는 교정적 정의라고 한다.

"정의가 뭐냐고? 정의도 관점에 따라서 몇 가지로 나뉠 수 있어. 눈에는 눈 그리고 이에는 이로 되갚아 주는 정의는 교정적 정의지. 상식적으로 우리들이 아는 정의는 교정적 정의, 곧 응보적 정의야. 받은 만큼 되돌려 준다는 거지. 보통 학교에서 벌을 받을 때 나쁜 짓을 했으니 그 대가로 청소를 한다든가 교실을 정리정돈 한다면 이때의 정의는 교정적 정의야."

그런데 성폭행범이 비록 흉악한 범죄를 저질렀다 해도 그 역시 공동체 사회의 한 구성원이며 인격이 있는 인간이라는 관점에서 그에게도 역시 자유와 평등을 인정하고 사회적으로 열악한 그의 위치를 개선시키려는 정의도 있을 수 있다. 그런가 하면 각 개인에게 적합한 행위의 기준은 사회적 관습에 의해서 지시될 수 있다고 주장하는 사람들도 있다.

또 목적론적 정의는 자연법* 사상에 잘 드러나 있다. 예컨대 토마스 아퀴나스*에 의하면 실정법은 자연법을 바탕으로 삼고 자연법은 영원불변하는 신법(神法)*을 근거로 삼는다. 정의가 목적론적이라는 것은 정의가 궁극적으로 신법을 목적으로 삼기 때문이다.

정의를 상호이익이라고 주장하는 입장이 있다. 영국의 경험론 철학자 토마스 홉스*에 의하면 '인간은 인간에 대하여 늑대'이며 인간의 자연 상태는 '만인의 만인에 대한 전쟁'이다. 따라서 사람들은 사회에서 서로 피해를 보지 않기 위해, 곧 서로 이익을 얻기 위해서 계약을 체결한다.

"지금까지 정의론을 살펴보면 흥미로운 점이 많아. 상식적 정의는 교정적 정의, 곧 응보적 정의야. 베푼 만큼 되돌려 주는 거지. 관습적 정의는 분배적 정의야. 교정적 정의보다는 분배적 정의가 훨씬 더 인간을 인격체답게 대한다고 볼 수 있어. 그런가 하면 목적론적 정의는 종교적 냄새가 너무 난단 말이야. 전지전능한 하나님을 목적으로 삼고 있어서 지나치게 이상적이야. 그런가 하면 최근에는 공정성(fairness)이 정의의 한 모습으로 많이 거론되고 있어. 롤스는 『정의론』에서 민주주의 사회의 윤리적 기초를 제시하는데, 그가 말하는 정의는 바로 공정성이야. 그런데 평등하고 기본적인 자유를 공정성의 내용이라고 주장한다고 해도 평등이나 자유와 같은 개념들이 명확하게 구체적으로 밝혀지지 않을 경우 공정성이라는 정의는 공리공담(空理空談)*으로 그칠 확률이 많다고 봐."

『성경』에 마리아 이야기가 나온다. 사람들이 "저 여자는 간통하였으니 돌을 던져서 벌을 주어야 한다."면서 서로 돌을 들고 마리아를 치려고 하였다. 이때 예수가 말했다. "여러분 중에 지금까지 마음속으로라도 한 번도 간음하지 않은 사람이 있다면 저 여자를 돌로 치시오." 이 말에 사람들은 모두 돌을 땅에 내려놓고 자기 갈 길을 갔다고 한다. 우리가 알고 행하는 일상적 정의는 '눈에는 눈, 이에는 이' 식의 응보적 정의이다. 홍콩 무술 영화나 미국의 서부 영화는 권선징악(勸善懲惡)을 주제로 삼는데 이들 영화에 등장하는 정의가 바로 응보적 또는 교정적 정의이다.

응보적 정의 앞에서 사람들은 열광하고 환희를 맛본다. 그러나 여기에는 한계가 있다. 인간은 어디까지나 사회적 존재이다. 예컨대 히틀러와 같은 독재자 역시 사회적 존재이다. 그는 게르만 민족의 세계 정복을 위해서 헤아릴 수 없는 유태인과 이민족을 독가스실에서 무참히 학살한 살인마였다. 그가 아무도 없는 섬에서 혼자 태어나 그곳에서 살다가 그 섬에서 수백만을 죽인 것이 아니다. 그는 게르만 사회에서 태어나서 그곳에서 교육받고 자랐다. 좀 더 크게 보면 히틀러의 잔학한 행동에 대해서는 게르만 사회가 공동으로 책임을 져야 한다.

프로이트의 말대로 인간에게는 사랑(에로스)의 충동만 있는 것이 아니라 죽음(타나토스)의 충동도 있어서 극단적인 경우 닥치는 대로 대상들을 파괴하고 마지막에는 자기 자신도 파괴할지도 모른다.

'눈에는 눈, 이에는 이' 식의 복수적 정의는 인간 공동체를 배제한 채 오로지 개인만을 염두에 두고 개인이 범한 죄에 대해서 당연한 벌을 부과한다. 이와 같은 응보적 정의는 사회 공동체를 동시에 마음에 두고 생각할 때 비로소 그 한계를 뛰어넘을 수 있다. 예수가 원수를 사랑하라고 말했을 때 그 사랑은 사회 공동체의 구성원인 인간에 대한 사랑이다.

인격, 사람의 가치

사람의 가치란 무엇일까? 사람답게 사는 삶이란 어떤 것일까? 공자는 가장 바람직한 인간상을 '성인(聖人)'이나 '군자(君子)'라고 일컬었다. 상식적으로 생각하자면 이론과 실천 모두에서 높은 경지에 도달한 사람은 성인이나 군자라고 불러도 좋을 것이다. 수신제가치국평천하(修身濟家治國平天下)'를 위해서 몸과 마음을 바치는 사람이 성인이요 군자이다.

왜 인격(人格)을 이야기하는가? 정의란 민주주의 사회의 윤리적 기초가 되는 덕목이다. 정의에서 인격이 배제되면 전적으로 의미를 잃는다.

"사회 구성원이 권리만 주장한다면 그런 사회는 홉스가 말한 대로 인간은 인간에게 대해서 늑대일 뿐인 사회야. 전쟁이 그치지 않는 많은 후진국들을 보면 여러 소집단들이 오직 자기 집단의 이익과 권리만 주장하면서 전쟁도 마다하지 않아. 끊임없는 전쟁으로 인해서 극소수의 집권층만 욕심을 채우고 대다수의 구성원은 전쟁의 구렁텅이에서 신음할 수밖에 없어. 공동체 사회가 행복하기 위해서는 반드시 정의로운 사회여야 해. 그러기 위해서는 개인들의 성숙한 인격도 꼭 필요한 거지.”

“나도 전적으로 동감이야. 성숙하고 행복한 사회는 정의가 실현되는 사회야. 정의가 실현되기 위해서는 인격적으로 성숙한 개인들이 공동체 사회를 형성하여야 해. 인격을 갖춘 주체적 인간이 되기란 쉬운 일이 아니지.”

“인격을 갖춘 인간이라고? 말이야 그럴듯하지. 그런데 인격이 뭐지? 너무 애매하고 추상적인 것 같아. 인간의 품위가 인격인가? 성인이나 군자는 분명히 높은 품위를 갖춘 인간일 거야. 플라톤이 말하는 정의로운 인간 역시 인격을 갖춘 인간이야.”

“정의론을 본격적으로 제기한 철학자는 플라톤이야. 플라톤에 의하면 인간에게 중요한 세 가지 기본적 덕목들이 있는데, 지혜, 용기, 절제야. 물론 지혜, 용기, 절제는 어디까지나 사회 안에서 인간이 지켜야 할 윤리적 가치들이지. 그럼 정의는 뭐냐고? 정의는 지혜, 용기,

절제 등이 조화를 이룰 때 성립하는 최고의 덕목이야."

"플라톤의 정의는 어디까지나 사회적 덕목이자 국가의 덕목이야. 정의가 실현되지 않는 국가는 그만큼 기반이 든든하지 못하다고 할 수 있어. 사회 구성원 각자가 서로를 수단으로만 생각하는 국가에서는 도저히 정의가 구현될 수 없어. 그 이유는 사람들이 인격을 무시하고 오로지 이기적 욕망 충족에만 온갖 신경을 다 쏟아붓다 보니 인간을 오직 수단으로만 생각하기 때문이야."

"그래도 인격이란 개념이 너무 막연해. 사람의 품위? 사람다움? 자신의 권리를 주장하면서도 책임과 의무를 다하는 품성을 인격이라고 할까? 공정함을 의식하고 실천하는 사람이 바로 인격을 갖춘 인간일 거야. 그러면 또 공정하다는 것이 무엇이냐는 물음이 당연히 제기되겠지? 평등하고 기본적인 자유와 함께 공정한 기회가 바로 공정함의 내용이라고 할 수 있어."

인간은 사회적 동물이다. 일찍이 아리스토텔레스는 인간을 가리켜서 '정치적 동물(zoon politikon)'이라고 하였다. 인간은 도시국가(polis)*를 이루고 사는 동물이라는 뜻이고 따라서 인간은 사회적 동물일 수밖에 없다. 인간이 사회적 동물일 수밖에 없다면 인격이 문제가 되고 사회 정의도 문제로 등장한다. 개미나 벌의 집단사회는 오직 본능에 따라서 움직이는 사회이다. 그러나 인간은 지성과 정서와 의지에 따라 인간들끼리 합심하여 정치, 경제, 사회, 문화적 환경을 형성하여 역사를 발전시켜 가고 있다.

"가끔 사람들은 나이 먹으면 나잇값을 하여야 한다고 강조해. 이와 마찬가지 의미로 사람이면 사람값을 해야 해. 우리들이 이만큼이라도 사회의 안전을 이룩하고 평화롭게 살 수 있는 것은 대부분의 사회 구성원들이 사람값, 다시 말해서 인격을 가지고 그 역할을 실행했기 때문이야. 몇몇 독재 국가들이나 중동의 이라크와 아프가니스탄, 아

 2 강한 자의 행동에 대하여

프리카의 빈민국들을 한번 생각해 봐. 극소수의 집권층이 독재 권력을 휘두르고 대다수의 민중들은 인격은커녕 한 끼 배 채우기도 힘들어. 똑같이 먹고 입고 말할 자유와 권리가 보장된다면 그때부터 사회 정의의 싹이 트기 시작할 거야. 그러니까 인격과 사회 정의가 얼마나 밀접한지는 두말할 필요도 없어. 사람답게 사는 사회에서 정의가 꽃 필 수 있으며 동시에 정의가 실행되는 곳에서 사람들이 서로 인격체로서 삶을 영위할 수 있는 거야."

후기산업사회를 살아가고 있는 우리들 현대인은 편하게 먹고 입고 잠자며 노는 데에만 온갖 신경을 곤두세우고 있다. 최첨단의 현대식 기계와 시설을 가지고 온갖 상품을 생산하는데, 그 목적은 잘 먹고 잘 입고 잘 자고 잘 놀기 위한 것이다. 현대인은 인간다움을 망각하고 있다. 인격이 잊힌 곳에서는 사회 정의가 의미를 상실하게 된다.

그래서 어떤 학자들은 현대사회를 일컬어 인간성 상실의 사회라고 말하며 심지어는 인간의 모든 희망을 상실한 허무주의 사회라고 말한다.

로빈슨 크루소에게도 정의가 있을까 

유교에서 "인(人)은 인(仁)이다."라는 말을 한다. 이 말은 두 가지 뜻을 가지고 있다. 첫 번째 뜻은 인간은 사회적 존재라는 것이다. 두 번째 뜻은 인간의 본질은 어질다는 것이다. 이들 두 가지 뜻을 합하면 "인간은 사회적 존재이므로 어질게 살아야만 인간답다."라는 의미가 성립한다. 어질 인(仁)이라는 글자는 사람(人)이 둘(二)이라는 것을 나타낸다. 이것은 사람들이 둘 이상 모여서 살 때는 어질어야 한다는 것을 의미한다. 그렇다면 로빈슨 크루소처럼 무인도에서 혼자 사는 사람에게도 인(仁)이 필요하고 정의가 필요할까?

"망망대해에서 배가 난파한 후 무인도에 도착해서 홀로 짐승처럼 살아가야 하는 로빈슨 크루소에게는 더 이상 사회적인 연결이 필요

 2 강한 자의 행동에 대하여

없어. 당장 먹고 자는 것이 급선무야. 함께 말할 사람도 없고 의논하거나 다툴 대상도 없어. 기껏해야 강아지 한 마리가 있었지만 함께 의논하고 대화할 사회적 대상은 아니었지. 무인도의 로빈슨 크루소는 겉모양만 인간이야. 그에게는 사회가 없기 때문에 더 이상 사회 정의도 필요 없고 인(仁) 같은 건 더더욱 아무 소용없어.”

“나는 생각이 달라. 로빈슨 크루소가 성인이 될 때까지 그는 따뜻한 가정에서 자랐고 한 사람의 인격 주체가 되기 위한 교육도 받았

어. 무인도에 오기 전까지 그는 사회적 존재였
어. 무인도에 떠내려 온 후 그는 겉보기에는
사회와 연관 없는 버려진 인간에 불과해. 과연
로빈슨 크루소는 무인도에서 인간이기를 포기
하고 단지 한 마리 짐승이 되어 오로지 본능에
의존해서 생명을 연장했을까? 절대로 그렇지 않아. 비록 무인도에서
개 한 마리를 벗 삼아 지내면서도 그는 떠내려 온 난파선에서 여러
가지 잡동사니들을 날라다 생활에 편리하게 이용할 수 있었어. 그뿐
아니야. 그는 자신이 무인도에 도착한 날부터 칼로 금을 새기면서 날
짜가 지나가는 것을 기록하고 있었지. 현재 그는 사회와 단절되어 있
지만 내면적으로는 여전히 사회와 끈끈한 연대를 깊게 맺고 있었어.
그는 언젠가 무인도를 떠나서 사람들과 함께 어울려 살게 될 날을 차
근차근 준비하면서 그 나름대로 내면 깊이에서 사회생활을 연습하고
있었던 거야."

인간은 누구나 태어나면서부터 사회적 존재이다. 분석심리학자로
알려진 융*은 개인은 누구나 '자기'를 가지고 있다고 한다. 자기를 구
성하는 요소들은 자아, 개인무의식 그리고 집단무의식의 세 가지 요
소들이다. 자아는 우리들이 일상생활에서 '나'라고 부르거나 '나 자
신'이라고 부르는 것이며, 그것은 기억, 지각, 감각, 정서 등 현실적인
우리 인간의 능력에 의해서 구성된다. 개인 무의식은 평소에 우리가
의식하지 못하는 익숙한 것들로서, 특정한 버릇이나 습관 또는 기술

이나 지식 들이다. 그런가 하면 자기를 형성하는 가장 원천적인 것은
집단무의식이다. 집단무의식은 태초부터 인간 정신의 뿌리를 형성하
는 것으로, 민화˙나 설화˙에 잘 나타나 있다. 예컨대 태양을 숭배하
고 암흑이나 뱀을 두려워하는 것은 태초부터 있어 온 집단무의식, 곧
원시형(原始型)이다. 이와 같은 분석심리학자 융의 '자기이론'은 인
간이 태초부터 의식적인 존재라는 것, 더 나아가서 문화적 존재이며
사회적 존재라는 것을 잘 말해 주고 있다.

"인간은 본래부터 사회적 존재야. 그러니까 인간은 여럿이 있든 혼
자 있든 정의를 도외시할 수 없어. 가족 안에서도 정의가 문제되느냐
고? 가족을 묶어 주는 요소가 사랑이니까 가족
안에서는 정의가 전혀 필요 없다고 주장하는
사람이 있을지 몰라. 그러나 사랑은 정의의 씨
앗일 수밖에 없기 때문에 가족 안에서도 여전
히 정의가 중요할 수밖에 없어. 가족 구성원들
이야말로 진정한 의미에서 인격 주체들이야."

독일 철학자 헤겔˙은 『법철학』에서 윤리의
기초가 가족에서 싹튼다고 말한다. 성인 남자
와 여자는 결혼하여 가족을 이루고 자식들을
출산하여 정성껏 키운다. "사랑은 내리사랑이
다."라는 말이 있다. 인간 역시 동물이기 때문

민화
민간의 전설·민속·서
민생활 등을 소재로
한 그림. 대개 작자를
모른다.

설화
신화나 전설 등을 줄
거리로 한 이야기

헤겔(1770~1831)
독일의 철학자. 모든
사물의 전개를 정
(定)·반(反)·합(合)의
3단계로 나누는 변증
법을 창시하였다.

에 어머니들은 지극한 모성애로 자식들을 키운다. 인간은 동물이면서도 지성(이성)을 소유했기 때문에 부모의 지극한 애정을 알고 그것에 대해서 당연히 보답할 줄 안다. 이 때문에 정상적인 자식들은 부모에게 대해서 효(孝)를 다한다. 이러한 맥락에서 헤겔은 가족의 윤리적 덕목은 사랑이고, 사회의 윤리적 덕목은 협력이며, 국가의 윤리 기준은 법이라고 주장하였을 것이다.

개인은 어디까지나 가족과 사회와 국가를 전제로 한 사회적 존재라는 범위 안에서만 인간이라는 존재로서의 의미를 가진다. "홀로 있을 때 몸과 마음을 신중히 가지라."는 말이 있다. 내가 혼자 있기 때문에 사회적 윤리 규범을 전적으로 무시해도 좋다고 주장하는 사람이 있다면 그런 사람은 여럿이 함께 있을 때도 역시 이기적이며 독단적일 수밖에 없다. 혼자든 여럿이든 인간은 사회적 존재이므로 공정한 행위가 결국 행복을 가져오리라고 확신할 필요가 있다.

  2 강한 자의 행동에 대하여

생각해 볼 문제

1. 돈과 권력의 힘을 정의라고 주장하는 사람들의 견해를 들어보자. 그러한 주장의 문제점은 무엇인가?

2. 물욕(物欲)과 권력욕에는 한계가 없다는 말도 있다. 왜 그런지 그 이유를 논의해 보자.

3. 정치 권력을 소유한 강자는 평소에는 양의 탈을 쓰고 있지만 위급할 때는 양의 탈을 벗고 사자의 얼굴을 내민다고 한다. 이 말의 뜻을 설명해 보자.

4. 정의에 관한 여러 가지 이론들을 열거하고 각 이론들의 장단점을 논의해 보자.

5. 인간의 됨됨이, 곧 인격과 정의는 어떤 관계가 있을까?

6. 로빈슨 크루소에게 정의는 의미 있는 것인가 아니면 무의미한 것인가?

3

인간은 관습에 따라서 행동한다

인간은 사회적 동물이다

인간에 대한 정의(定義)는 여러 가지가 있다.

"인간은 이성적 동물이다."

"인간은 도구를 제작할 줄 아는 동물이다."

"인간은 웃을 줄 아는 존재이다."

"인간은 예술 작품을 창작하는 존재이다."

"인간이란 생각하는 자기 자신을 생각할 줄 아는 동물이다."

"인간은 문화의 창조자이며 동시에 문화의 피조물이다."

"인간은 정치적 동물이다."

아주 오래된 옛날 옛적 인간은 발달된 지성을 소유하면서부터 관습을 만들고 관습에 따라서 행동하였다. 씨족과 부족 등 집단을 형성하여 생활하면서 인간은 관습을 유지하였고, 필요에 따라서 관습을 변화시켰다. 오늘날 우리들은 일반적으로 정신적 관습을 문화라고 부르고 물질적 관습을 문명이라고 부른다.

문명(civilization)은 시민(civis) 또는 국가(civitas)라는 라틴어에서 유래한 것으로 인간 집단의 물질적 업적을 일컫는다. 그런가 하면 문화(culture)는 경작한다(colore) 또는 경작(cultus)이라는 라틴어에서 생긴 것이다. 쿨투스(cultus)는 처음에는 경작의 뜻을 가지고 있었지만 나중에 키케로가 훈련, 교육, 교양, 문화 등을 가리키는 말로 쓰기 시작하면서 의미가 다양해졌다.

"나는 문명과 문화는 서로 다른 것이 아니라고 생각해. 문명을 물질적 업적이라 하고 문화를 정신적 업적이라 해서 따로 구분하는 것은 무리야. 인간은 자연을 이용해서 자기 자신의 역사를 발전시켜 나가는데, 이러한 현상을 문명이라고 할 수 있어. 그러니까 문화를 문명이라고 말해도 무리는 아니야. 그래서 나는 문명과 문화라고 하지 않고 문화를 문명에 포함시켜서 그냥 문명의 발달이니 인류 문명이니 그렇게 불렀으면 좋겠어."

"나는 생각이 달라. 예컨대 기계문명을 기계문화라고 하면 뜻이 애매하지 않겠어? 로마의 사상가 키케로는 '농작물 재배'라는 '쿨투스(cultus)'를 인간 육성에 응용해서 교양의 의미로 사용했대. 그것이 나중에 문화라는 뜻을 가지게 된 거야. 그러니까 도덕, 예술, 철학(학문을 포함하여), 종교 등은 인간의 정신적 업적인 문화야. 그러나 자동차 문명, 디지털 문명, 핵에너지 문명 등은 분명히 인간의 물질적 업적인 문명이라고 보아야 해. 만일 두루뭉술하게 문화도 문명이라고 하거나 문명도 문화라고 한다면 생각은 물론이고 현실 판단에 문제가 생길 거야."

"물론 인류의 정신적 업적을 문화라고 부르고 물질적 업적을 문명이라고 부르는 것이 일반적인 추세인 것은 사실이야. 그런데 요새 우

리들은 음식 문화, 자동차 문화, 거리 문화, 복식 문화 등 주로 문화라는 개념을 많이 사용하고 있어. 우리들이 일상생활에서 관습적으로 어떤 개념을 어떻게 사용하는가에 따라서 그 개념은 일정한 의미를 가지게 된다고 믿어. 문명이 제아무리 인류의 물질적 업적이라고 해도 그것이 인간의 생각을 바탕으로 한 것이기 때문에 역시 정신적 산물임이 분명해. 그래서 넓게 보면 문명 역시 문화의 범주에 속할 수밖에 없어. 그런 의미에서 인간은 문화를 창조하면서 동시에 문화에 의해 창조되는 존재야. 인간이 문화를 창조할 수 있는 것은 사회적 존재이기 때문이지. 인간은 지성의 발달과 함께 사회 공동체를 형성하여 삶을 꾸려 나가면서 관습을 발달시켜 왔어. 관습은 시기와 지역에 따라서 일정한 유형을 가지면서도 끊임없이 변화하고 발달되어 온 것이 사실이야. 관습을 변화시키고 발달시킬 수 있었던 것은 인간의 지성적 사회생활이라고 할 수 있을 거야."

인간은 사회적 동물이기 때문에 사회 정의를 필요로 한다. 고대 그리스의 플라톤을 비롯해서 중세의 토마스 아퀴나스도 물론 정의를 말했다. 하지만 현대적인 의미에서 본격적으로 정의가 사회의 담론으로 형성된 것은 근대에 이르러서이다. 공리주의자 벤담*의 '최대 다수의 최대 행복'은 공리주의적 정의의 기준으로 제시되었다.

　"사회의 구성원 전체가 다 똑같이 행복할 수는 없어. 그러니까 벤담이 말한 것처럼 대부분의 사회 구성원들이 가장 행복할 수 있다면 그런 사회는 정의로운 사회인 거야. 우리들이 행복이나 정의를 판단할 수 있는 잣대는 감각적 경험 이외에는 아무것도 없어. 그러니까 인간은 관습에 따라서 행복하고 정의로울 수 있다는 거지."

　인간은 사회적 동물이고 관습에 따라서 행복하고 정의로울 수 있다면 관습을 형성하는 원동력은 무엇일까? 관습을 형성하는 동인(動因)은 지성일 것이다. 인간의 사회는 개미나 벌들이 사는 본능적 사회가 아니라 어디까지나 지성적 사회이다.

사회적 선

　자식이 잘못을 저지르면 부모는 야단치고 꾸짖지만 착한 일을 하면 아낌없이 칭찬한다. 공동체 사회에서도 어떤 사람이 죄를 범하면 벌을 받지만 선행을 하면 상을 받는다. 그리고 과거보다 나은 오늘을, 오늘보다 훌륭한 내일을 구축하기 위해서 함께 머리를 맞대고 의논한다.

　많은 사람들은 행복한 삶은 정의로운 삶이며 정의로운 삶은 선한 삶이라고 한다. 그렇다면 행복과 정의와 선은 서로 뗄 수 없는 관계를 맺고 있는 것처럼 여겨진다.

　"정의의 기준은 선이야. 선이 기본적으로 갖춰져 있지 않으면 사회 정의는 무의미하다는 얘기야. 플라톤은 지혜와 용기와 절제가 조화된 상태를 정의라고 했어. 그래서 정의로운 국가는 지혜로운 통치자와 용기 있는 군인, 절제하는 생산자가 합심해서 이끌어가는 공동체 사회야. 그런데 플라톤에게 가장 이상적인 이데아˙는 선이기 때문에 정의의 극치는 바로 선이라고 할 수 있어. 뒤집어보면 선이 본래부터 있었기 때문에 사회 정의의 실현이 가능한 거지."

"나도 똑같은 생각이야. 돈이나 권력, 명예는 행복을 위한 수단은 될지 몰라도 그것들이 직접 행복을 가져다주는 것은 아니야. 요새는 돈, 권력, 명예 말고도 미모가 행복을 가져다준다고 확신하는 사람들이 너무 많아. 그래서 성형수술이 대유행이지. 서울의 강남에는 성형외과 의원들이 너무 많이 들어서 있어. 성형수술 부작용이 자주 언론에 발표되어도 성형외과에는 사람들 발길이 끊이질 않는대. 지방 흡입 수술을 하다 사망한 뉴스가 나오는가 하면 수술 후유증의 결과로 얼굴이 오히려 흉하게 되었다는 기사들도 가끔 볼 수 있어. 사실 어떤 재벌 총수도, 인기 여배우도, 이유는 잘 알려지지 않았지만 자살해 버리고만 예들을 보면 돈, 권력, 명예 그리고 미모 등은 행복하기 위한 하나의 수단일 따름이야. 돈, 권력, 명예, 미모가 없어도 사람의 됨됨이가 착하면 얼마든지 행복할 수 있어. 그러니까 선한 인간이 행복하며 동시에 정의롭다고 생각해."

"플라톤은 물론이고 주자(朱子)˙도 선을 인간 정신의 불변하는 본질로 본 것이 사실이야. 플라톤은 이데아들 중 최상의 이데아를 가리켜서 선의 이데아라고 했어. 그런가 하면 주자는 인간이 태어날 때부터 가지고 있는 인, 의, 예, 지를 사단이라고 하면서 그것들은 순수하게 선한 것이라고 보았어. 그런데 천문학이나 지질학 또는 고고학 등에 잠시라도 관심을 가진다면 선, 정의, 행복 등은 모두 인간이 오랜 관습을 통해서 만들어 낸 개념들이라는 것을 금방 알 수 있어. 어떤 사람들은 전통적인 것이면 무조건 영원불변한 진리인 양 매달리는데, 아마도 그래야 안정을 얻을 수 있어서 그럴 거야.

물론 선이나 악, 그리고 하나님이나 알라 등이 전적으로 헛것이고 무의미하다는 것은 아니야. 내가 주장하려는 것은 사람들이 사회생활을 시작하면서 자기들의 존재 의의와 가치를 찾기 위해서 선, 악, 하나님, 알라 등을 만들었다는 거야. 그럼 내가 말하려는 선은 무엇이냐고? 그거야 사회적 선이지. 타인도 나와 마찬가지로 여기며, 어떤 상황에서든지 인류의 파멸을 불러오지 않고 인류의 생존을 위해서 활용하며, 인간의 정신적 및 신체적 건강을 도모하는 사람 됨됨이가 바로 선이야.

이와 같은 선은 영원불변한 것이 결코 아니야. 이런 선은 정체되면 악이 되기 때문에 우리는 끊임없이 긍정적이고 발전적인 상황을 만들려고 노력해야만 해. 결국 인류의 오랜 경험적 관습에 따라서 우리들은 어떤 상황을 선하다고 하고 또 다른 상황을 악하다고 해. 그런데 선과 악은 상황에 따라서 뒤바뀔 수도 있고 또 각각 변할 수도 있다는 거야."

선은 어디까지나 윤리적 개념이기 때문에 그것은 사회적 선이다. 어떤 개인이 선하다고 할 때 그것은 그 개인이 사회적인 존재로서 그러하다는 것이다. 고대로부터 중세에 이르기까지는 사회적 선을 영원불변한 것으로 생각하는 경향이 강했다. 물론 근대 합리론 철학자들은 선을 보편적인 인간의 덕목으로 보았다. 그러나 천문학, 지질학, 고고학 등이 발달하면서 인간의 오랜 관습들이 깨졌다. 사회적 선은 영원불변한 것이 아니라 그 시대와 사회의 관습에서 나왔다는 것이 밝혀졌다. 그러자 선에 대한 개념이 변하게 되었다.

오랜 시간을 살아오면서 인류는 선을 기본적인 도덕으로 여기게 되었으며 선과 밀접하게 연관된 삶의 상태를 행복이라는 개념으로 표현하였다. 동시에 공정한 삶의 상태를 정의라고 표현하게 되었던 것이다.

개인의 권리

　많은 사람들이 이기주의와 개인주의를 혼동한다. 그렇기 때문에 개인주의와 공동체를 반대 개념으로 생각하는 사람들도 꽤 있다. 이기주의는 배타주의이기 때문에 개인의 이익만을 추구하는 입장이다. 그런가 하면 개인주의는 주체적 개인을 강조하기 때문에 진정한 공동체 사회는 개인주의가 존중되는 사회이다.

　민주주의 사회에서 무엇보다도 중요한 것은 개인의 권리이다. 개인의 권리가 무시당하는 사회는 독재사회이다. 자유와 권리, 의무는 서로 떼려야 뗄 수 없는 밀접한 관계를 맺고 있다. 개인의 권리는 자유와 의무를 동반할 경우에만 참다운 권리가 될 수 있다. 대부분의 독재자들은 개인의 권리와 권력을 혼동한다. 그런가 하면 민주주의 교육을 제대로 받지 못한 대중적 개인들 역시 권리˙와 권력˙을 혼동한다.

"고대나 중세의 왕들은 국가를 지배할 수 있는 권력을 자기들의 당연한 권리라고 생각했던 것이 틀림없어. 권리라는 말은 개인이 공동체 사회 안에 존재할 때만 의미를 가질 수 있어. 만일 공동체를 무시하고 개인의 힘만을 강조한다면 그 개인의 힘은 바로 권력에 해당하는 거야. 그럼 권력과 권리는 어떻게 구분될까? 간단히 말해서 타인을 지배하는 힘은 권력이야. 한 개인이나 단체에게 당연히 귀속되어야 할 자유로운 힘이 권리이고. 예컨대 행복 추구권과 같은 것은 권리야."

"왕들이나 독재자들은 자기들만 권력과 권리를 다 가지고 일반 백성들은 그들에게 복종해야 하는 의무만 가진 것으로 생각했다는 거지? 그것도 말이 되네. 예컨대 천황(天皇)은 하늘이 정해 준 황제라는 뜻이야. 그러니까 천황의 자손들은 대를 이어서 황제일 수밖에 없다는 거지."

"독일의 관념론 철학자 헤겔은 역사의 발전 단계를 아시아적 역사, 그리스·로마적 역사, 게르만적 역사로 나누어 보았대. 왜 그런지 알아? 헤겔은 인간 정신, 곧 의식의 발전 과정이 역사의 발전 단계에 대응한다고 보았어. 말하자면 중국에서는 고대부터 근대에 이르기까지 오직 왕(황제) 한 사람만 인간의 의식을 가진 것처럼 여겨졌다는 거야. 그리스·로마 사회에서는 다수의 귀족들이 인간다운 의식을 가

권리
인간과 집단이 국가나 사회 활동을 하는 데 있어 정당하게 행사할 수 있는 힘 또는 자격

권력
남을 복종시키거나 지배할 수 있는 공인된 권리와 힘. 특히 국가나 정부가 국민에 대하여 가지고 있는 강제력

진 것처럼 생각했다는 것이고. 마지막으로 게르만 사회는 근대 서양의 시민사회를 가리키는 거지. 근대시민사회*에서는 시민들 모두가 시민의식을 가지고 자신의 정당한 권리를 주장하게 되었다는 거야. 따라서 헤겔의 역사 철학 이론에 따르면 개인의 권리가 인정되는 사회는 근대시민사회야. 왜냐하면 국가라는 공동체 안에서 각 개인이 자기 자신의 자유로운 의식을 가지고 자신의 권리를 정정당당하게 주장할 수 있게 되었으니까 말이야."

확실히 개인의 권리가 무시당하거나 억압당하는 사회에서는 사회 정의가 실현될 수 없다. 전제국가나 독재국가에서는 사회를 구성하는 각 개인들의 권리가 전적으로 무시당한다. 왕이나 독재자는 절대 권력과 권리를 모두 독점한 채 모든 백성들을 자신의 수단으로 대한다. 물론 한 가정 안에서도 가부장적 사고방식이 굳어 버린 아버지는 자신도 의식하지 못한 채 독재자 노릇을 하는 것이 사실이다.

헤겔이 가정의 윤리적 기준을 사랑이라고 말한 데에는 다 그만한 이유가 있다. 사랑은 권력이 아니라 권리에 가깝다. 사랑은 억압하지도 않고 지배하지도 않으며 오로지 모든 것을 함께 소유하는 동시에 상대방에게 모든 것을 주고 양보한다. 사랑은 인간과 인간 사이의 공감이면서 자유와 평등의 씨앗이기도 하다. 따라서 사랑은 공정함, 곧 정의의 기반이기도 하다.

앞에서도 잠깐 이야기했지만 헤겔에 의하면 가정의 윤리는 사랑이
고 사회의 윤리는 협력이며 국가의 윤리는 법이다. 가정이 모여서 사
회가 되고 사회가 모여서 국가가 된다. 이렇게 보면 법의 가장 기본
적인 바탕 역시 사랑이 아닐 수 없다.

"개인의 권리는 오로지 한 개인만 놓고 이야기할 수 있는 주제가
절대로 아니야. 개인의 권리는 어디까지나 가정과 사회와 국가를 전

제로 해야만 의미가 있어. 가령 무인도에서 살고 있는 로빈슨 크루소의 개인적 권리가 어떤 의미가 있겠어? 혼자만 사는 무인도에서는 개인의 권리는 무의미해. 물론 과거 사회의 일원이었던 로빈슨 크루소에게 그리고 미래 언젠가 사회인으로 살아갈 로빈슨 크루소에게 개인의 권리는 무엇보다도 중요할 거야. 그리고 과거와 미래의 사회인인 로빈슨 크루소와 연관된 범위 안에서는 로빈슨 크루소 개인의 권리는 의미심장할 거야. 내 말은 사회와 아무 관계가 없다면 개인의 권리는 전적으로 무의미하다는 것이지. 다시 한 번 강조하자면 개인의 권리는 사회 정의의 기초이자 목적이라는 거야. 여기서 개인은 당연히 공동체 사회를 구성하는 인격 주체야.”

개인주의는 주관적 이기주의와는 전혀 다르게 인격 주체로서의 개인을 존중한다. 만일 우리 주변에 오로지 지배욕과 이기심에 눈먼 개인들이 이기주의에 물들어 있다면 민주주의 사회 공동체는 불가능할 것이다. 이기주의에 가득 찬 인간의 욕망은 자제할 줄 모르고 타인을 수단으로 여겨 이용하고 탄압하고 지배함으로써 공동체 사회를 파괴하기 때문이다.

우리가 세계에서 우뚝 선 문화 선진국이 되기 위해서는 열린 개인주의를 바탕으로 삼은 공동체 사회국가를 굳건하게 하는 데 매진하여야 할 것이다.

   3 인간은 관습에 따라서 행동한다

교정적 정의와 분배적 정의 

　일반적으로 정의는 교정적 정의와 분배적 정의로 나눌 수 있다. 교정적 정의는 응보적 정의 또는 보상적 정의라고도 한다. 예컨대 '이에는 이, 눈에는 눈' 식의 정의가 바로 교정적 정의이다. 그리고 사회 구성원들이 행한 선에 따라서 적절히 재물, 교육, 행동, 권리 등을 누릴 자유와 평등 가치를 나누어 주는 것이 분배적 정의이다.

　이론적으로는 교정적 정의와 분배적 정의를 명확히 구분할 수 있지만 현실 사회에서는 이들 두 가지 정의는 언제나 섞여 있게 마련이다. 예컨대 어떤 사람이 범죄 행위를 저질러서 처벌받을 때 행사하는 정의는 흔히 교정적 정의로 알려져 있다. 하지만 그 이면에는 분명히 분배적 정의도 포함되어 있는 것이 사실이다.

　정의는 사회적 올바름 또는 공정함이라고도 표현할 수 있다. 그런데 보통 우리가 알고 있는 정의는 대부분 교정적 정의에 속한다. 동서고금을 통해 널리 알려져 있는 정의 역시 교정적 정의이다.

"정의가 무엇인지 말하기는 너무 어려워. 사실 강한 자의 행동이 정의로 인정되어 온 것을 부정하기 힘들어. 2020년대 북한 사회를 보면 정의가 과연 사회적 올바름이고 공정함인지 의심하지 않을 수 없어. 독재자 가족과 공산당 간부들은 호의호식하는데 국민들 대다수는 굶주림에 지쳐 있을 뿐만 아니라 행동이나 표현의 자유는 물론이고 이주의 자유마저 없어. 독재자와 그 아들은 북한이야말로 위대한 영도자의 지도 덕분에 이 세상에서 가장 행복한 국가라고 하고 있지. 독재자의 언행과 굶주리는 국민의 상황이 과연 행복일까?"

"그것은 정의라기보다는 독재자와 그를 둘러싼 집단의 이기적 행동에 지나지 않아. 정의는 그것이 교정적 정의든 분배적 정의든 인간의 평등이 전제로 깔려 있어야 해. 과거 독일이 동독과 서독으로 분단되어 있을 때 서독 사람이 이런 말을 했어. '공산주의란 인간 불평등과 계급을 없애자고 하면서도 현재 공산주의 동독에는 계급이 50가지나 되는데 참 아이러니한 일이야.'라고."

교정적 정의나 분배적 정의나 인간의 평등이 기본으로 깔려 있지 않다면 그러한 정의들은 말만 정의일 뿐 무의미한 것들이다. 교정적 정의는 소극적 정의이고, 분배적 정의는 적극적 정의이다. 교정적 정의는 악한 행위를 했을 때에만 그 행위에 해당하는 처벌을 한다. 따라서 교정적 정의는 응보적 정의 또는 보상적 정의라고도 한다. 그러나 분배적 정의는 <u>관습주의</u>*에서 사용되는 개념으로, 사회적 재화(財貨)를 분배하는 적절한 기준과 밀접한 관계가 있다. 사회적 재화에는 건강 관리, 재산, 수입, 정치적 권리, 교육의 권리 등이 있다.

"분배적 정의는 민주주의 사회에서 개인들이 행사하고 누려야 할 가장 본질적인 정의야. 분배적 정의의 기초가 되는 사회 관습은 그냥 무의식적으로 굳어져 버린 것이 아니라 우리들이 경험하고 실험하며 개선해 나가는 것이야. 교정적 정의에서는 개인의 자유나 권리보다 평등이 우선한다고 말할 수 있어. 사회에서 나쁜 짓을 해서 죄를 범한 사람들은 죄에 해당하는 벌을 받는데 이때의 기준은 교정적 정의야. 예컨대 비슷한 상황에서 어떤 사람은 10만 원을 훔쳤고 다른 사람은 20만 원을 훔쳤을 때, 10만 원 훔친 사람이 1년 징역형을 살고 20만 원 훔친 사람이 6개월 징역형을 산다면, 이 경우 교정적 정의는 잘못 적용된 것이야. 교정적 정의란 잘못한 행위에 상응하는 처벌을 내리지만 평등을 기반으로 삼지 않으면 안 되는 거지. 그런가 하면 관습주의에서 생기는 분배적 정의는 개인의 평등뿐만 아니라 자유와 권리까지도 포함하고 있어. 그런데 구체적으로 무엇과 직접 연관된 평등, 자유, 권리인가가 중요해."

분배적 정의에서는 사회적 재화들, 예컨대 건강 관리, 재산, 수입,

정치적 권리, 교육의 권리 등을 각 개인이 어떻게 이해하는가를 문제로 삼는다. 수입을 놓고 볼 때, 개인들이 모두 양적으로 똑같은 수입을 올리는 것이 분배적 정의가 아니다. 각자의 능력에 따라서 그리고 일한 시간에 따라 수입을 올리는 것이 분배적 정의이다. 그렇다면 분배적 정의에서는 양극화가 여전히 문제가 된다.

교정적 정의와 분배적 정의는 대부분의 사회에서 같이 뒤섞여 실행되고 있다. 각각의 사회는 자신들의 상황에 따라서 보다 더 적합한 사회적 정의를 추구하기 위해서 교정적 정의와 분배적 정의를 끊임없이 수정하고 있다.

공동체 사회란 어떤 것일까 

최근 신문이나 텔레비전의 뉴스에서 중·고등학교 청소년들의 윤리 의식이 매우 혼란스럽다는 사실을 자주 확인할 수 있다. 물론 소수의 학생들이지만 그들은 여선생님에게 이렇게 묻는다는 것이다.

"선생님, 첫 키스 몇 살 때 해보셨어요?"
"출산해 보신 적 있으세요?"
"결혼하셨어요?"

옛말에 '스승의 그림자도 밟으면 안 된다.'는 말이 있다. 선생님은 정신적·사회적으로 성장하도록 가르쳐 준 스승이기 때문에 욕되게 해서는 안 된다는 뜻이다. 그런데도 요즈음 일부 학생들은 선생님을

에워싸고 마치 희롱하거나 협박하듯이 짓궂게 행동한다는 것이다. 학생들은 자기들이 똘똘 뭉쳐서 공동체를 이루고 평소 자기들을 업신여기면서 야단만 치는 선생님을 혼내 주기 위해서 선생님을 궁지에 몰아넣었다고 변명할 수 있다. 그러나 이런 학생들에게는 자기 의식이 결여되어 있으며 더 나아가서 선생님과 학생의 역할에 대한 명백한 개념도 없다.

"요새 세상은 윤리 도덕이 땅에 떨어졌어. 학생들이 집단으로 선생님을 놀려 대는 세상이야. 어디 그뿐인가? 어느 중학교에서는 학생이 선생님을 때렸다지? 그런가 하면 또 어떤 학교에서는 선생님이 학생을 심하게 때려서 학생이 병원엘 가고 학부모가 선생님을 고발했다지? 이 모든 것이 우리들에게 공동체 의식이 희박하다는 증거야."

"맞아, 맞아! 사회 정의는 적어도 사회 구성원들이 공동체 의식을 분명히 가지고 있을 때 비로소 실현될 수 있어. 크게 보면 가치관이 혼란한 데에는 어른들의 책임이 가장 커. 그것도 사회 지배층의 윤리 의식이 어느 수준인가에 따라서 청소년들의 가치관도 결정된다니까. 어떻게 보면 우리 사회의 정의가 실현되기까지는 아직 엄청난 노력과 많은 시간이 필요한 것 같아. 말하자면 국회의원들은 우리 사회의 최고 지배층에 속하는 사람인데, 매년 연말 국회의 예산안 통과 상황을 지켜보는 청소년들은 국회의원들에게서 어떤 가치관을 배울 것 같아? 힘 있는 자, 곧 강자의 행위가 정의롭다는 것을 배우겠지? 그러니까 청소년들도 수단과 방법을 가리지 않고 돈과 명예와 권력을 소유하는 것이 정의롭다고 확신하는 거지."

　일찍이 퇴니스*라는 사회학자가 사회가 이익사회*와 공동사회*의 이중적 성격을 가지고 있다고 주장하였다. 예컨대 학교나 회사 또는 지방 자치단체나 국가는 각각의 이익을 추구하면서도 구성원들에게 공통되는 목적도 동시에 추구한다. 그러나 가치관이 혼란스러운 곳에서는 공동사회의 흔적을 찾기 어렵고 오로지 이익사회만 번창한다. 이익사회는 비록 사회라는 이름은 유지하고 있을지 몰라도 사회의 문화적 발전은 약속하기 어렵다. 뿐만 아니라 사회 정의를 확립하기도 어렵다. 원시 씨족이나 부족 집단을 비롯해서 전제군주국가나 독재국가는 모두 이익사회를 대변한다. 사회 정의가 실현될 수 있었던 공동사회는 근대 이후 민주주의 국가들이 등장하면서 가능했다고 말할 수 있다. 좀 더 정확히 말하자면 1789년 프랑스혁명 이후에야 비로소 시민의식이 열매를 맺으면서 공동사회가 가능할 수 있었다. 물론 공동사회는 이익사회를 포함하면서도 사회 구성원들이 공동체 의식을 소유한 사회이다. 시민의식은 다른 말로 표현하면 공동체 의식이다.

퇴니스(1855~1936)
독일의 사회학자. 인간의 의지를 자연적인 본질 의지와 관념적·인위적인 선택 의지로 구별하였고, 이에 대응하여 사회에서도 공동사회와 이익사회로 나난다고 했다.

이익사회
구성원간 같은 목적을 가지고 결합되어 인위적이고 의식적인 상호작용을 하는 집단. 회사, 학교, 국가

공동사회
구성원간 친밀감을 바탕으로 결합되어 전인격적인 관계를 이루는 집단. 가족, 친족, 지역사회, 민족

"맞아. 민주주의 기반은 뭐니 뭐니 해도 시민의식이야. 시민의식은 다름 아닌 공동체 의식인 거야. 남을 나와 똑같은 인격체로 대하는 의식이 바로 공동체 의식인데 사람들이 공동체 의식을 가지기가 그렇게 힘들다니 이해가 잘 가지 않아. 우리 아파트 단지는 500가구가 될까 말까 한데 교회가 두 개나 있어. 그런데 두 교회들이 가끔 상대를 헐뜯어. 한 교회에서는 다른 교회 목사님의 신앙이 너무 추상적 이론에만 기대어 있기 때문에 내용이 공허하대. 그런가 하면 다른 교

회에서는 상대 교회 목사님과 장로들이 너무 물욕에 어두워서 헌금만 강요하기 때문에 구원받기 힘들대. 교회만 공동체 의식이 부족한 것이 아니야. 예컨대 과거에 서울 시장과 서울시 의회는 학생 무상급식 문제에 대해서 정면으로 대립하였어. 서로 의견 대립을 극복하기 위해서 인내심을 가지고 길고 험난한 의사소통의 과정을 감내하면서 학생 급식 문제를 해결하려고 할 때 비로소 공동체 의식이 빛을 발할 수 있을 거야."

우리들은 무심결에 사회 공동체라는 말을 내뱉곤 한다. 아무 사회 집단이나 다 사회 공동체일 수 없다. 시민의식 내지 공동체 의식이 확립되어 있는 사회만이 사회 공동체일 수 있다. 그리고 사회 공동체에서만 사회 정의가 제 빛을 발할 수 있다. 왜냐하면 공동체 의식이 확고한 집단에서만 인간의 자유와 평등이 보장될 수 있고, 따라서 각 개인이 인격적 주체로서 대접을 받을 수 있기 때문이다.

공동체 사회는 하루아침에 이루어질 수 없다. 영아기는 물론이고 유치원 교육과 아울러 중·고등학교 시절의 교육이 알차지 못하면 공동체 사회도 불가능하고 사회 정의 역시 무의미하다. 각 개인에게 공정한 자유와 평등이 보장되기 위해서는 사회 구성원들 각자 엄청난 고뇌와 자기 성찰이 필요하다. 인간의 자기 성찰이 없는 사회는 어디까지나 공동사회를 결여한 이익사회일 뿐이다.

관습이냐 이성이냐

　사회 정의는 분명히 윤리적 문제이다. 우리는 자연 법칙이 정의롭다고 하지도 않고, 피카소˙의 〈게르니카〉˙나 슈베르트˙의 〈겨울 나그네〉˙가 정의롭다고 하지도 않는다. 만유인력법칙˙과 같은 자연 법칙을 우리들은 참답다고 하며 그림이나 음악은 아름답다고 한다. 그러나 사회 정의는 선한 것이고 불의는 악한 것이다. 따라서 사회 정의는 도덕적 내지 윤리적 주제인 것이다.

　"그래, 자연 법칙은 앎의 문제야. 강이 넓고 하늘이 푸른 것은 일단 눈으로 본 다음에 그 이미지를 정리해서 '넓은 강', '푸른 하늘' 등의 개념을 만드는 거야. 그런가 하면 슈베르트의 〈겨울 나그네〉를 듣거나 피카소의 〈게르니카〉를 보면서 우리들은 쾌감을 느끼고 그것들을 아름답게 느끼는 거지. 그러나 어떤 국회의원이 재벌 회장의 은밀한 뇌물 제의를 거절하고 오히려 그를 고발했을 경우 이 국회의원의 행동은 정의롭다고 할 수 있어."

"그렇다면 정의는 인간의 사회적 행동이 공정하다는 것을 뜻하겠지? 따라서 행동이 공정하다는 것은 행동이 윤리적이며 도덕적이라는 것을 말하는 거군. 그런데 도덕과 윤리는 구분되는 거야 아니야? 구분된다면 어떤 점에서 서로 구분되지?"

"응, 선과 악의 가치를 도덕 또는 윤리라고 보는 사람이 있는데, 이 사람은 도덕과 윤리를 똑같이 보고 있는 거야. 그러나 도덕을 윤리(인륜) 이전의 상태로 보는 사람도 있어. 말하자면 가정의 사랑, 사회의 협력, 국가의 법을 윤리라 하고 그것들 이전에 사람들이 관습적으로 지켜야 할 덕목을 도덕으로 보는 거지. 예컨대 사람들끼리 서로 양보하고 참으며 함께 나누어 가지는 것 등은 도덕이라고 할 수 있겠지."

"나는 도덕과 윤리를 구분해서 보거나 아니면 똑같이 보거나 별로 문제될 게 없을 것 같아. 도덕이나 윤리는 인간의 가치관을 바탕으로 삼고 있어. 어떤 인간의 가치관이 건전하다면 그가 어떤 행동을 하든 도덕이나 윤리가 확고해. 연예인들 중 마약 복용 혐의로 체포되어 사람들의 눈길을 끄는 경우가 있어. 이들은 한때 실수로 마약에 손댔다고 변명하지. 그런데 그 실수가 문제가 아니라 그들의 건전하지 못한 가치관이 문제야. 마약은 사회 질서를 혼란시킬 뿐만 아니라 복용하는 사람을 마약 중독자로 만들어서 그의 몸과 마음을 망쳐 버려. 마약 복용자는 마약 복용에 대한 가치 판단이 제대로 되어 있지 않기 때문에 순간적으로 고뇌나 고통을 회피하기 위해서 마약에 손대고 마는 거야."

"어디 그뿐이겠어? 도덕적 가치 판단이 잘못된 것은 일부 가수, 텔런트, 운동선수 등의 병역 면제 문제에서도 잘 드러나고 있어. 과거에 젊은이들 중 일부는 신체와 정신이 멀쩡한 데도 일부러 허리 수술을 하거나 정신질환을 이유로 병역 면제 판정을 받고 군대에 가지 않았어. 정신질환 때문에 군대에 가지 않은 가수가 무대에서는 마치 철인처럼 펄쩍펄쩍 뛰면서 노래했고, 디스크 수술로 군대 안 간 텔런트는 연속극에 자주 등장했어. 그들이 병역 면제 판정을 받는 데 결정적 역할을 한 것은 역시 돈이었을 거야. 병역 비리만 보아도 사회 정의가 바로 서지 못하고 부정부패가 널리 퍼져 있다는 걸 잘 알 수 있어."

"맞아. 어떤 사람이 그러는데 국회의원들하고 대학 교수들 중에 의외로 군대에 가지 않은 사람들이 꽤 많대. 그들은 겉으로 보기에 멀쩡하고 의원 활동을 왕성히 하고 또 대학 강단에서 강의도 활발히 하고 있지. 그런 사람들이 군대에 갈 수 없을 정도로 어디가 아팠다는 것이 믿어지지 않을 정도야. 그렇다면 그들이 군 입대에 면제 판정을 받은 것이 정당하고 정의로운 절차에 의한 것일까? 그렇지 않다면 그들의 행동은 공정하지 못하다고 생각해. 말하자면 그들의 가치관이 건전하지 않다는 것이지."

"인간이란 오랜 경험적 관습에 따라서 가치관을 형성하게 된다고 믿어. 우리는 혈연, 지연, 학연 등 가까운 관계에 따라서 모든 가치 있는 일들을 처리하다 보니까 정의 개념은 약하고 의리 개념만 강한 거야. 우리들 대부분은 정의를 의리라고 생각하고 있는 것 같아. 만일 우리들에게 이성적 판단이 강하다면 혈연, 지연, 학연을 바탕으로 삼은 의리는 힘을 잃고 자유와 평등을 근거로 삼은 정의가 명확해지겠지."

"나는 생각이 좀 달라. 경험적 관습과 합리적 이성을 서로 대립하는 개념으로 보는 사람들이 많은데, 내가 보기에 경험이나 이성은 모두 우리의 의식에 속해. 말하자면 인간의 능력은 하나인데 그 능력이 감각을 통해서 발휘될 때 우리는 감각 경험을 말하고, 그 능력이 사유(생각)로 나타날 때 우리는 합리적 이성을 말하는 거 아닐까?"

사회 정의를 경험적 관습의 문제라고 주장하는 입장이 있는가 하면 정의를 합리적 이성의 문제라고 주장하는 입장도 있다. 경험적 관습은 경험론이나 실증주의가 주장하는 것이고, 합리적 이성은 합리론이나 관념론이 주장하는 것이다. 사회 정의는 오랜 인간 역사의 산물이므로 오늘날 선진 민주주의 국가들의 사회 정의는 수많은 의사 소통을 거친 결과물들이다. 우리들은 경험론과 합리론의 길고도 복잡한 담론 과정을 통해서 조금씩 개선되는 사회 정의의 개념을 구성할 수 있을 것이다.

생각해 볼 문제

1. 인간에 대한 정의(定義)를 몇 가지 말해 보자. '인간은 사회적 동물이다.'라는 주장의 근거를 제시해 보자.

2. 선과 악의 차이를 말하고 사회적 정의의 기초가 왜 선인지를 설명해 보자.

3. 이기주의와 개인주의의 차이를 구체적으로 지적해 보자.

4. 교정적 정의와 분배적 정의의 예들을 들고 양자의 차이를 말해 보자.

5. 이익사회와 공동사회는 사회의 두 측면이다. 각각 어떤 특징을 가지고 있는가?

6. 사회 정의는 관습에서 생기는가? 이성에서 생기는가?

4

자연법을 따르자

성 아퀴나스가 누구지?

　인간은 문화의 창조자이자 동시에 문화의 피조물이다. 인간을 제외한 모든 동물들은 본능의 테두리에 갇혀서 세상을 살아간다. 그러나 인간은 언제부터인지는 확실하지 않지만 본능의 테두리를 깨부수고 문화를 창조하기 시작했으며, 문화를 창조하는 순간 문화의 피조물로 살아가게 되었다.

　"인간이라는 존재는 아무리 생각해도 지구 역사상 가장 신기하기 짝이 없는 존재야. 인간은 문화를 창조하는 존재야. 젊은이가 어른을 존경하고 남녀가 결혼하여 서로 위하고 존중하며 집단 사회를 조직해서 법을 만드는 것이 인간이야. 그런가 하면 감각 경험 또는 합리적 이성을 앎의 근원이라고 주장하면서 참다운 앎과 거짓된 앎을 구분하는 것도 인간이야. 그림을 그리고 노래를 부르면서 예술을 아름답다고 외치고 고뇌와 번민에서 벗어나게 해 달라고 기도하는 것도 역시 인간이야.”

“서론이 너무 길어. 문화는 크게 말해서 도덕과 철학과 예술과 종교의 네 영역으로 구성된다는 걸 그렇게 길게 늘어놓는 것이지? 그리고 서양 문화의 커다란 획을 그은 인물이 토마스 아퀴나스라는 것을 말하려는 거지?”

“맞아. 서양 철학사를 보면 고대로부터 현대까지 커다란 호수들과 그 호수들을 연결하는 넓고 좁은 무수한 강들이 있는 것 같아. 고대 그리스 철학의 커다란 두 호수는 플라톤과 아리스토텔레스야. 그리고 중세의 가장 큰 두 호수는 아우구스티누스와 토마스 아퀴나스야. 아우구스티누스는 플라톤주의를 바탕으로 삼아서 위로부터 아래로 계시가 내려와서 인간을 구원하는 기독교 철학을 완성했어. 그런데 아퀴나스는 아리스토텔레스주의를 기본 삼아서 아래로부터 위를 향해 인간 구원을 실현하는 기독교 철학을 형성한 거야. 오늘날의 기독교 신학과 기독교 철학은 크게 보면 아우구스티누스와 아퀴나스에게 많은 빚을 지고 있는 셈이지.”

토마스 아퀴나스는 로마와 나폴리 사이에 있는 로카세카 성에서 영주의 아들로 출생하였다. 아퀴나스는 18세에 도미니크 수도회의 수사가 된 후 알베르투스 마그누스*에게서 신학을 배웠다. 그 후 파리에서 공부하고 신학박사가 되어 로마, 볼로냐, 나폴리 등에서 신학을 가르치고 저술 활동에 힘을 쏟았다. 처음에는 아우구스티누스의 기독교 신학과 철학으로부터 큰 영향을 받았지만 나중에는 아리스토텔레스의 영향을 받아 자신의 고유한 신학 체계를 세웠다. 아퀴나스가 나폴리에서 1274년 『신학대전』의 제3권 30문을 집필하고 있을 때였다. 마침 교황 그레고리 10세는 리옹에서 개최되는 제2차 공의회(公議會)에 참석해서 라틴 교회와 그리스 교회의 차이를 명백히 설명해 달라고 아퀴나스에게 청하였다. 그러나 아퀴나스는 리옹으로 가던 중 병이 들어 사망하고 말았다.

"아퀴나스는 앎의 이론(인식론)에서는 실재론자로 알려져 있어. 즉 소나 개나 산, 강 등은 그림자나 꿈의 대상이 아니고 실제로 존재한다는 거야. 아퀴나스는 우리의 감각 기관에 의한 경험과 지성적 판단이 결합하여 외부의 대상들을 참답게 알 수 있다고 주장했어."

"아퀴나스는 신의 존재와 본질을 알아야만 신을 이해하고 믿을 수 있다고 했어. 그래서 그는 신의 존재를 증명할 수 있는 두 가지 방법을 말했는데 그것들은 이성적(논리적) 추리에 의한 신 존재 증명과 『성경』에 의한 신 존재 증명이야. 유한한 사물들과 그것들의 작동 방식으로부터 논리적 추론에 의해 무한하고 전지전능한 창조자 신을 증명하는 것은 철학자의 방법이야. 그러나 『성경』의 계시에 의하면 세상 만물은 신이 창조한 것이므로, 『성경』의 계시를 통해 신의 존재를 증명하는 것은 신학자의 방법이야."

"내가 아퀴나스의 신 존재 증명을 정리해 볼게. 아퀴나스는 확실한

기독교 신앙을 가진 사람들이 아니라 일반인과 이교도들을 위해서
기독교를 쉽게 설명하고 전도하는 데 온갖 노력을 기울였어. 그래서
그는 신 존재 증명을 위하여 철학자의 방법, 곧 논리적 추리를 택했
던 거야. 신 존재 증명에 관한 아퀴나스의 다섯 가지 논증은, 모든 결
과들이 결국 궁극의 원인을 가진다는 것을 다섯 가지 측면에서 증명
하고 있어. 첫 번째 논증 : 세상의 모든 사태의 운동과 변화에는 궁극
의 원인이 있는데 그것은 신이다. 두 번째 논증 : 모든 현상에는 최종
의 원인이 있으니 그것은 신이다. 세 번째 논증 : 세상의 모든 사람들
은 우연히 존재하는데 이런 사물들의 근거가 되는 필연적 존재가 반
드시 있고 그것은 신이다. 네 번째 논증 : 최상의 진·선·미를 소유한
존재가 있을 수밖에 없고 그것은 신이다. 다섯 번째 논증 : 모든 사물
들은 목적이 있는데 목적들 중의 목적은 바로 신이다. 아퀴나스는 이
렇게 철학적 방법으로 신 존재를 증명하려고 했던 거야."

아퀴나스는 자신의 신학 및 철학 체계에 따라서 법 이론도 전개하
였다. 그에게는 신의 법이 가장 완전한 법이었다. 신의 법 다음으로
는 우주 자연에 통용되는 자연법이 있으며 이 자연법을 모방한 것이
바로 인간 현실의 실정법이다. 그렇다면 정의도 신법의 정의, 자연법
의 정의, 그리고 실정법의 정의로 구분될 것이다.

신의 법

　서양의 중세는 크게 철학적 또는 신학적 중세와 정치·경제적 중세로 구분된다. 정치·경제적 중세의 시초는 봉건제도°가 정착되는 9세기이다. 정치·경제적 중세는 14세기까지 지속되었다. 15세기에 접어들면서 소위 암흑시대라고 일컬어지는 중세는 끝나고 르네상스시대°가 열리게 된다. 철학적 중세는 기독교의 교부철학(教父哲學)°이 시작되는 2세기를 시발점으로 삼고 초기 스콜라철학°, 중기 스콜라철학, 말기 스콜라철학을 거쳐서 14세기에 막을 내리고 그 자리를 르네상스 철학에 내준다.

　근대 이후의 사람들은 중세를 일컬어서 암흑시대라고 하였다. 아우구스티누스나 아퀴나스에게 철학이 중요하기는 했으나, 그들에게 철학보다 더 중요한 것은 신학이었다. 그래서 중세에는 '철학은 신학의 시녀'라는 말이 있었다. 말하자면 신학의 주장을 이론적으로 굳건하게 세워 주기 위해서 이성적 철학이 필요했던 것이다. 그러므로 알기 위해서 믿는다는 말은 성립할 수 없고, 오로지 믿기 위해서 안다는 말만 신학에서 의미를 가질 수 있었다.

"중세를 암흑시대라고 하는 말은 근대 사상가들이 중세를 비꼬아서 그렇게 부른 거야. 오로지 신앙만 찾으면서 인간의 모든 삶의 중심이 교회가 되어 버린 것이 중세였어. 신앙이 모든 것을 결정하게 되니까 자연과학은 물론이고 다른 학문들은 신학 밑에 깔려서 제아무리 옳더라도 참다운 주장을 펼 수 없었던 거야. 기독교 신학이 모든 학문들을 대신하였고, 신부들과 교황이 거의 절대적인 권위를 가지게 되었던 거지. 그러니까 교회와 신학과 신부들만 빼놓고 모든 것이 다 깜깜하다고 해서 중세를 암흑시대라고 불렀던 거야."

"그래도 중세를 오로지 암흑시대라고 부르는 것은 극단적 태도라고 생각해. 예컨대 아우구스티누스의 시간론과 형이상학, 아퀴나스의 인식론과 형이상학 및 법사상 등은 현대에도 여러 가지 참고할 사항들을 제시해 주고 있어."

"그래 맞아. 아퀴나스의 법사상은 오늘날의 대륙법에 커다란 영향을 끼친 것이 사실이야. 현재 우리들은 법을 크게 대륙법과 영미법으로 나누고 있어. 영미법은 말 그대로 경험론 사상을 바탕으로 삼은 영국과 미국의 법을 말해. 그런가 하면 대륙법은 그리스와 로마의 법사상을 기본으로 삼은 독일과 프랑스 등 대륙의 법을 말하지. 합리적 이성을 기본으로 삼은 것이 대륙법이고 감각 경험을 기초로 삼은 것이 영미법이야."

"우리나라 법은 대륙법의 영향이 크지만 영미법의 영향 역시 만만치 않아. 일본 식민지 때 일본의 대륙법을 지키던 것이 해방 후에도 많은 부분이 남았어. 그 후 미국의 영향을 받으면서 영미법적 요소들이 가미된 것 같아. 말하자면 현재 우리나라의 법은 헌법을 비롯해서 형법이나 민법 모두 대륙법과 영미법을 절충한 것이라고 해."

"대륙법은 보편 필연적인 이성을 근거로 삼으니까 엄할 것 같아. 그런가 하면 영미법은 정상 참작 같은 것에 많이 신경 쓸 것 같고. 예컨대 어떤 청년이 가게에서 백만 원을 훔쳤을 때, 대륙법은 청년의 가련하고 애처로운 상태를 참작하지 않고 법조문에 따라서 처벌할 거야. 그러나 영미법은 경험이 상황에 따라서 이렇게도 변하고 저렇게도 변할 수 있기 때문에 청년의 어려운 사정을 참작해서 형을 낮추어 선고할 거야."

아퀴나스는 법을 세 가지로 구분하였는데 그것들은 신의 법, 자연법, 실정법(實定法)이다. 아퀴나스는 신의 특징을 일컬어서 '은폐된 신성'이라고 말한다. 아퀴나스는 "최초의 진리는 영혼을 넘어서 있다."라고 주장한다. 최초의 진리란 최상의 존재이자 최고의 선인 신 자체이다.

"아퀴나스가 말하는 신의 법은 최초의 진리인 신이 계시하는 법이야. 신의 법은 인간 현실에 관한 실정법을 넘어서 존재하며 자연법마저도 넘어서 있어. 신의 법은 무엇보다도 우선 신앙의 문제이고 그 다음에 이성의 문제야. 신의 법은 어디까지나 계시에 의해서 표현되기 때문이니까. 계시를 받아들이는 것은 인간의 신앙이야. 신앙으로 계시를 받아들인 다음에 계시와 신앙을 확고하게 하기 위해서 합리적인 이성의 논증이 행해진다고 할 수 있어."

"그렇다면 기독교에서, 그것도 아퀴나스에게 신의 법이란 무엇일까? 아하, 알겠다. 『성경』이 바로 신의 법이야. 『구약성경』과 『신약성경』은 신의 계시야. 그러니까 신의 계시야말로 신의 법인 거지."

아퀴나스는 계시와 신앙을 신학의 문제로 그리고 자연 세계와 인식을 앎의 문제로 구분하기는 했어도 그 역시 중세의 가톨릭 신부였기 때문에 '철학은 신학의 시녀'라는 주장에 공감하고 있었다. 따라서 그에게 신의 법은 자연법의 모범이고 자연법은 실정법의 모범이었다.

자연법과 실정법

아퀴나스에 의하면 신은 우주 전체를 창조할 때 조화로운 단계 구조 또는 계층 구조를 계시하였다. 자연 세계를 살아가는 인간은 규정된 위치와 기능을 가지고 있다. 여기에서 우주 전체의 조화로운 계층 구조는 신의 법을 뜻한다. 이러한 계층(단계) 구조에서 인간에게 정치적, 국가적, 도덕적으로 정해진 위치와 기능이 주어지는데, 그처럼 규정된 위치와 기능이 바로 자연법에 해당한다.

"신의 섭리는 곧 신의 계시이자 신의 법이 아니겠어? 신의 명령(법)에 따라서 우주가 창조되었고, 우주 자연의 조화롭고 질서 있는 단계 구조가 생기게 된 거지. 인간의 위치와 기능 역시 이러한 단계 구조에 따라서 생긴 거야."

"그럼 내가 이해하는 아퀴나스의 자연법을 말해 볼까? 아퀴나스가 말하는 자연법이란 자연적인 인간의 위치와 기능이야. 왜 어른들이 이런 말하잖아? '그 사람이 절도 행각을 벌였다는 것은 말도 안 돼. 그런 일은 죽었다 깨어나도 있을 수 없어. 그 사람은 지난 10년간 독거노인들과 소년소녀 가장들을 수시로 찾아다니면서 도움을 베풀어 준 사람이야. 그런 사람이 깊은 밤 마트에 침입해서 수백만 원을 훔쳤을 리가 있겠어? 아마도 동명이인(同名異人)일 거야. 그 사람은 법 없이도 살 사람이야.' 법 없이도 살 사람이라고 할 때의 법은 무슨 법일까? 이 경우의 법은 현실 사회의 실정법이야. 현실 사회에서 우리들의 생활을 규제하는 법이 실정법이야."

"무슨 말인지 알겠군. 아퀴나스의 이론에 따르자면 법 없이도 살 사람이라고 할 때의 사람은 실정법이 필요하지 않고 오로지 자연법에만 의지해서 사는 사람이라는 거군. 그러니까 법 없이도 살 사람은 전혀 악한 행동을 하지 않기 때문에 실정법과는 상관없고 오로지 자연의 흐름에 따라서 삶을 이끌어간다는 거겠지."

"맞아. 조선시대 윤선도*와 같은 선비는 바다에 쪽배를 띄워 놓고 봄, 여름, 가을, 겨울을 노래했고, 나물 먹고 팔베개한 채 하늘에 흘러가는 구름을 바라보았대. 이런 삶이 법 없이도 살아가는 사람의 삶이 아닐까? 그렇다면 고대 중국의 노자(老子)*와 장자(莊子)* 같은 사람들 역시 법 없이도 사는 사람의 삶, 곧 인위적으로 행하지 않고 자연에 따르는 무위자연(無

의 삶을 동경했다고 할 수 있을 거야."

아퀴나스에 의하면 현실 사회의 법이 실정법이다. 우리들이 흔히 말하는 대륙법과 영미법은 실정법이다. 헤겔이 말하는 대로 윤리는 가정, 사회, 국가에서 사랑과 협력과 법의 형태로 나타나는데 국가의 법은 윤리의 완성 단계이다. 우리들은 법과 권리와 정의를 유사한 의미로 사용하는 경우가 많다.

"제아무리 교통 법규가 하찮다고 하더라도 법은 법이야. 차들이 오가지 않는다고 해서 빨간불인데도 막 지나가면 안 되지. 자동차들도 마찬가지야. 행인들이 없다고 신호등을 무시하고 멋대로 쌩쌩 달리면 끔찍한 사고가 언제 일어날지 모르지. 법은 누구나 지키라고 있는 것이야."

"나는 생각이 좀 달라. 법보다는 권리가 우선이야. 법은 인간의 권리를 위해서 있는 것이거든. 나는 교육받을 권리가 있어. 또 나는 내가 주장하고 싶은 말을 어디에서나 할 수 있는 자유와 권리가 있어. 그렇기 때문에 교육법도 있고 언론법도 있는 거라고. 그뿐인가? 나는

내가 원하는 곳으로 이사 갈 수 있고 또 친한 벗들과 함께 모여서 담소하면서 삶을 즐길 권리가 있어. 그래서 거주권이 있고 집회권이 있어. 물론 권리는 자유도 함께 포함하고 있는 것이 사실이야.”

“거기에 보탤 것이 있어. 그건 바로 의무야. 자유와 권리가 의무를 포함하지 않는다면 자유나 권리는 전혀 다른 성질을 가진 권력으로 변하고 말아. 아퀴나스가 말하는 실정법은 오직 인간의 행동을 제약하려고만 하는 현실 사회의 법이 아니야. 왜냐하면 그가 이야기하는 실정법은 바로 인간의 자유와 권리, 의무를 모두 고려한 법이기 때문이지. 신이 창조한 우주 자연에 걸맞는 인간의 지위와 기능을 규정하는 것이 아퀴나스가 말하는 자연법이야. 신과 아무 상관없이 물 흘러가는 대로 또는 구름 흐르는 대로 굴러가는 것은 자연법이 아니야. 아퀴나스가 말하는 자연법은 신의 법을 지향하는 법이야. 더 알기 쉽게 말하자면 자연법은 실정법과 신의 법을 매개하는 법이라고 할 수 있어.”

토마스 아퀴나스는 기독교 신학 내지 기독교 철학의 입장 안에서 신의 법, 자연법, 실정법을 다룬다. 실정법은 인간의 행동에 대해서 처벌하고 상을 주지만 실정법의 목적은 자연법에 도달해서 인간의 지위와 기능을 온전하게 보존하고 실행하는 것이다. 그런가 하면 자연법의 목적은 완전하게 선한 신의 법에 끊임없이 접근하는 것이다. 신의 법은 바로 신의 은총과 계시에 의해서 인간의 신앙에서 드러난다.

최대 다수의 최대 행복은 정의다

　쾌락이 곧 행복이라고 생각한 사람들이 있다. 그들은 그런 관점에서 행복을 정의하고 생각했는데 바로 영국의 공리주의자들이다. '최대 다수의 최대 행복'을 사회적 선이라고 주장한 벤담과 그의 사상을 발전시킨 밀(J. S. Mill)은 대표적인 공리주의자들이다. 공리주의의 발단은 고대 그리스의 쾌락주의이다.

　"쾌락주의라면 사람들은 순간적으로 흥청망청 술 마시고 고성방가하며 춤추는 그런 종류의 관능적 쾌락주의를 생각하기 쉬워. 하긴 사람이면 누구나 힘들게 땀 흘리면서 노동하고 제대로 놀지도 못하는 것보다는 쉬엄쉬엄 자기가 좋아하는 일 하면서 보수도 많이 받고 휴가도 많아 실컷 놀면서 쾌락을 만끽하길 원하겠지."

"그렇긴 하지만 조금만 여유를 가지고 생각해 보면, 아무런 고뇌도 번뇌도 그리고 고통도 없는 호수같이 잔잔한 마음의 평온함 역시 쾌락이라고 할 수 있어. 『도덕경』의 저자로 알려져 있는 노자(老子)가 짚신을 만들어 팔기도 했고 또 도서관의 사서도 했대. 그는 늘 가난했지만 마음만은 평온했다는 거야. 하긴 예수도 '부자가 천국에 들어가는 것은 낙타가 바늘구멍에 들어가는 것보다 더 어렵다.'고 했어. 돈만 있으면 세상만사가 다 내 것이라고 여기는 사람들이 있긴 하지만, 돈은 잘못 쓰면 모든 고통의 씨앗일 뿐이야. 그렇다면 순간적인 관능적 쾌락은 금방 꺼져 버리고 마는 이기적 쾌락에 불과해."

"그러니까 고대 그리스의 에피쿠로스(BC 341~207)와 같은 쾌락주의자가 말하는 소극적 쾌락이 바로 궁극적 선이라는 거군. 그래, 에피쿠로스가 말한 '아타락시아(ataraxia)'는 걱정으로부터의 해방이며 동시에 평온한 상태를 말하지. 거지 철학자 디오게네스(BC 412~323) 이름을 들어본 적 있어? 마케도니아*의 알렉산더 대왕*이 그리스를 정복한 후 철학자 디오게네스의 이름을 듣고 그를 신하로 쓰기 위해서 불러 오라니까 디오게네스는 여러 차례 거절했대. 알렉산더 대왕이 직접 디오게네스를 찾아갔어. 디오게네스는 자신이 잠자리로 쓰는 커다란 포도주 통 앞에 나와 쭈그리고 앉아서 햇빛을 쬐고 있었어. 대왕은 디오게네스에게 말했어. '그대가 그 위대한 철학자 디오게네스군. 내 자네를 신하로 쓰고자 하니 내 말을 따르겠는가?' 대왕이 두서너 번 같은 말을 물어도 디오게네스는 아무 대답도 않더니 이윽고 입을 열었어. '소원이 딱 한 가지 있소이다. 내 지금 햇빛을 쬐고 있소이다. 대왕이 내 앞에서 햇빛을 가리고 있으니 춥군요. 부탁컨대 옆으로 좀 비켜 주시지요.' 알렉산더 대왕은 속으로 '참으로 자신의 삶을 주체적으로 살아가는 철학자가 있구나.'라고 감탄하면서 디오게네스를 떠났다고 해. 디오게네스는 견유학파(犬儒學派), 곧 개선비학자(자연스러운 삶을 추구, 거지 방랑자로 살다가 '개'라는 별명을 얻었다)에 속해. 그는 가진 것도 없고 잘 먹지도 못했지만 마음만은 편했다는 거야. 그가 찾은 도덕의 근본 원리인 선 역시 소극적 쾌락이야."

그리스의 쾌락주의는 어디까지나 개인적 쾌락을 목적으로 삼았다. 물론 쾌락주의자들의 개인적 쾌락은 순간적, 관능적, 이기적 쾌락이 결코 아니다. 평온한 상태(아타락시아)를 이르는 소극적 쾌락이었다. 그런데 근대 이후 영국에 새로운 형태의 쾌락주의가 성립했다. 그것을 대변하는 공리주의자들은 벤담과 밀이었다. 벤담과 밀의 쾌락주의는 개인의 쾌락이 아니라 공동체의 쾌락을 주장한 점에서 고대 그리스의 쾌락주의와 근본적으로 차이가 난다. 벤담과 밀의 쾌락주의는 적극적인 쾌락주의이다.

"벤담은 최대 다수의 최대 행복을 사회적 선의 실현으로 보았어. 그에 의하면 인간은 누구나 고통을 피하고 쾌락을 추구한다는 거야. 벤담이 말하는 쾌락은 행복과 똑같아. '최대 다수의 최대 행복'은 결국 '최대 다수의 최대 쾌락'과 같은 거야. 벤담은 왜 개인의 행복이 아니라 공동체의 행복을 선으로 보고 또 사회 정의로 여겼을까? 벤담은 개인의 쾌락은 순간적이고 관능적인 것이 많고 따라서 즉시 고통을 가져다주기 쉬운 것으로 보았어. 그러나 공동체의 쾌락은 지속적이며 많은 사람들에게 행복을 보장할 수 있어. 그런데 벤담이 개인의 행복과 공동체의 행복을 구분한 기준이 뚜렷하지 못해. 게다가 최대 다수의 행복만 강조하다 보면 개인이나 극소수자들의 행복은 전적으로 무시당하기 쉬운 문제점이 있을 것 같아."

"그래서 나중에 밀이 벤담의 쾌락주의를 수정한 거야. 밀은 유용성(utility)•을 쾌락과 행복으로 보았어. 밀은 쾌락에 질적 차이가 있어서 공동체의 쾌락이 개인의 쾌락을 포함한다고 보았어. 그리고 공동체의 사람들은 쾌락 중 가장 바람직한 쾌락을 택하기 때문에 '최대 다수의 최대 행복은 유용성이다.'라는 주장이 타당하다는 것이지."

최대 다수의 최대 행복은 경험론적 윤리학(또는 공리주의)의 주장이며 민주주의 사회의 윤리적 기준이기도 하지만 여전히 소수의 불행을 해결하지 못하고 있다.

관습과 자연의 대립 

얼마 전 인터넷 동영상에 '지하철 막말녀'라는 제목을 가진 동영상과 글이 떴다. 젊은 여성이 지하철 경로석에 앉아 있고 그 옆에는 할머니가 앉아 있다. 젊은 여성이 앞에 서 있는 남자에게 화를 내면서 "내가 내리면 이 자리에 앉아!" 하고 소리 질렀다. 할머니가 젊은 여성에게 "나이 먹은 사람에게 그렇게 말하지 말아야지."라고 말하자 젊은 여성이 대꾸했다. "난 모르는 사람이 말 거는 거 되게 짜증나." 할머니가 다시 "그렇게 말하지 마라."라고 하자 젊은 여성은 "정말 모르는 사람이 왜 그러지."라고 신경질적으로 말하는 것이었다. 많은 누리꾼들은 이 동영상에 대해 생활이 바빠지고 디지털화되었기 때문에 윤리관이 땅에 떨어졌다고 걱정들을 쏟아놓았다.

불의(不義)와 정의(正義), 악과 선의 문제는 자연적인 문제일까?

아니면 습관에 의해서 형성되는 것일까?

"관습은 습관이 쌓이면 자연적으로 이루어지게 마련이야. 예전에는 젊은이들이 어른 보는 데서는 담배를 피우지 않고 또 어른이 술을 따라 주면 두 손으로 공손히 받아 고개를 돌린 채 마시는 습관이 관습으로 되어 있었어. 그런데 요새는 그런 습관들이 거의 사라졌고 어른들을 공경하던 관습도 많이 사라진 것이 사실이야. 윤리적 관습은 예의범절이라고 할 수 있어. 관습이란 경험적 습관이 쌓여서 된 것이기 때문에 습관이 변하게 되면 언제든지 무너질 수 있는 거야. 그런데 중요한 것은 오랜 역사와 전통을 돌이켜 보면서 우리들 인간에게 어떤 습관이, 더 나아가서 어떤 윤리적 관습이 가장 바람직한 것이었는가를 곰곰이 따져 볼 필요가 있어. 그래야만 우리들이 불의나 악을 제거하고 정의와 선을 실현할 수 있는 길을 찾을 수 있으니까."

"그래, 맞아. 온고지신(溫故知新)이라는 말도 있잖아? 옛 것을 익혀 그것으로 미루어 보아서 새 것을 안다는 뜻이지. '가장 바람직한 습관'이라고 할 때 '가장 바람직한'은 '우리들에게 가장 선하고 정의로운'의 뜻을 가지고 있을 거야. 그런데 선이 무엇이냐고? 단순하게 착한 것은 아니고 유교에서 말하는 사단의 성격이라고 생각해. 즉 인, 의, 예, 지의 성격이 선 아닐까? 만일 인간의 성품이 어질고 올바르며 예의가 깍듯하고 바로 알면 그의 성품은 선한 거야. 그럼 불의나 악은 어떻게 생기느냐고? 유교, 더 자세히 성리학에서는 칠정(七情) 때문에 악과 불의가 생길 수 있다고 해. 희(喜), 노(怒), 애(哀),

구(懼), 애(愛), 오(惡), 욕(欲), 다시 말해서 기뻐하고, 화내고, 슬퍼하고, 의심하고, 사랑하며, 싫어하고, 욕심내는 것이 칠정인데, 이것은 본래 선하기도 하고 악하기도 하다는 거야. 앞에서 말한 인, 의, 예, 지는 순수하게 선하기 때문에 이 사단을 잘 간직하고 닦는 것이 중요하고 칠정에서는 악한 면을 피하고 선한 면만 키우는 것이 중요하다는 거지. 그렇다면 사단과 칠정은 경험적인 것이냐고? 아니야. 그것들은 본래부터 그런 것이니 아퀴나스가 말하는 자연법에 가깝다고 할 수 있어."

"그렇다면 자연을 두 가지 관점에서 나누어 볼 수 있겠네. 하나는 자연과학에서 말하는 자연이야. 자연과학의 자연은 감각 경험의 대상이어서 항상 변화하기 때문에 습관의 바탕이 되지. 그런가 하면 아퀴나스나 스피노자°가 말하는 자연은 자연이기는 하되 어디까지나 신이 창조한 질서 있고 조화로운, 다시 말해서 자연법의 기초가 되는 자연이지. 그래서 '관습은 자연을 따른다.'는 말이 성립할 수 있는가 하면 이와는 반대로 '관습은 자연과 대립된다.'는 말도 성립할 수 있다고 생각해. 이유를 말해 보라고? 만일 자연이 감각 경험의 대상이라면 우리들은 경험 세계를 살아가면서 거기에서 습관적으로 행동하고 윤리적 관습을 형성하게 되겠지. 예컨대 공리주의자들이 말하는 '최대 다수의 최대 행복'이 사회 정의라고 한다면 그러한 사회 정의는 자연을 따르는 윤리적 관습으로서의 정의야. 그러나 만일 자연이 성리학(性理學)의 천(天)에 해당하고 이 천을 따르는 것이 사회적 선, 곧 사단이라면, 경험적 관습은 자연과 대립된다고 보아야겠지."

"그래. 사회 정의는 그렇게 만만하게 볼 수 있는 단순한 문제가 아니야. 사회 정의가 경험적 관습의 대상인지 아니면 합리적 이성의 문제인지에 대해서는 엄청나게 많은 토론과 의사소통이 필요하다고 생각해. 효과적인 이론적 의사소통은 항상 바람직한 실천을 동반한다고 믿어."

어떤 철학자는 "철학이란 창조적이며 개방적인 개념을 형성하는 작업이다."라고 주장했다. 사회 정의는 영원불변하게 고정되어 있는 것이 아니다. 우리들 인간은 깊고 넓은 사고와 행동을 통해서 끊임없이 바람직한 사회 정의를 창조하여야 할 것이다. 비판적이고 창조적인 사고와 행동만이 정의롭고 열린 민주주의 사회를 만들 수 있다.

개인과 대중

　사회 정의는 개인을 위한 것인가 아니면 대중을 위한 것인가? 얼핏 보기에 벤담의 '최대 다수의 최대 행복'은 개인을 무시한, 대중만을 위한 행복인 것처럼 보인다. 여기에서 최대 다수는 대중인가 아니면 공동체인가?

　벤담이 말하는 최대 다수는 분명히 대중이 아니라 공동체이다. '최대 다수의 최대 행복'은 오늘날 민주주의의 몇 가지 기초 중 중요한 한 기초가 되었다. 민주주의가 가장 장점으로 꼽는 공정한 정의 역시 '최대 다수의 최대 행복'을 중요한 내용으로 삼고 있는 것이 사실이다.

　"내가 보기에 '최대 다수의 최대 행복'은 공동체보다는 대중을 더 중요하게 여길 위험이 있어. 곧 개인의 행복을 도외시할 우려가 있다는 거지. 그럼에도 불구하고 그 가치를 추구하지 않으면 안 돼. 예컨대 과거 공산주의 국가의 정치 지도자들은 자신들이 혁명을 시도할 때 '최대 다수의 최대 행복'을 부르짖으면서 모든 국민들이 평등하게 살도록 해달라고 요구했고 자신들이 권력을 잡은 뒤에는 그렇게 해주겠다고 약속했어. 그런데 결과는 어땠지? 시간이 지나자 구소련과 동유럽 공산 국가들이 모두 공산주의를 포기하지 않을 수 없었지.

왜 그랬을까? '최대 다수의 최대 행복'을 대중 모두에게 보장해 주려고 하면 대중들의 자발성과 창의성이 살아나지 않아. 겉으로만 재물이나 권리를 평등하게 소유하자고 외치지, 속에는 이기심이 가득해서 대중 속의 각 개인이 탐욕의 노예가 되어 버리기 때문이지. 사회의 동력이 사라져 버리는 거야. 그렇다면 '최대 다수'가 대중이 아니라 공동체일 경우에는 '최대 행복'이 과연 사회 정의가 되는 동시에 사회적 선이 될 수 있을까? 이걸 설명해 볼게.

대중을 상대로 할 때에는 개인이 무시될 수 있어. 프로이트*는 교회와 군대가 대표적인 대중이라고 했지. 아니, 오히려 '절대적'인 대중이지. 교회에서 목탁 두드리며 석가모니*를 찬양한다면 어떻게 되겠어? 또 군대에서 상관의 구보 명령을 따르지 않고 혼자서 춤추면서 랩이나 부르고 있다면 어떻게 되겠어? 그 집단 또는 조직은 무너져 버리고 만다고. 교회나

 4 자연법을 따르자

에로스로
타나토스를
극복해야...

군대에 그렇게 이질적인 요소들이 존재한다면, 공동체적 동질성을 유지하기 위해서는 어떻게 해야 하지? 이질적 성격을 가진 개인들이 끊임없이 토론하고 의사소통을 해야 해. 그 과정을 통해 이질성을 제거해 나가면서 동질감을 찾으려고 노력해야 하는 거야. 그렇게 된다면 교회나 군대 같은 집단에서도 개인이 무시당하지 않고 평등과 자유를 획득하기 위한 기회를 충분히 소유할 수 있지.”

프로이트는 말년에 개인 심리학을 넘어서서 사회 심리학으로 자신의 정신분석학을 확대시켜 나갔다. 그러면서 현대 문화의 부정적 측면들을 치료하려는 노력을 시작했다. 청년 아인슈타인*이 암울한 전쟁을 예방할 수 있는 대책이 있을지 프로이트에게 물었을 때 그는 ‘사랑의 충동(에로스)’으로 죽음의 충동(타나토스)을 극복하자는 제안을 했다. 말년의 프로이트는 삶의 힘을 이중적인 것으로 보았다. 하나는 사랑의 힘. 그리고 또 하나는 죽음의 힘이라고 하였다. 사랑과 죽음은 둘 다 삶을 지속시키는 힘(충동)이다.

거센 물살을 가르며 강물을 거슬러 올라가는 연어를 보자. 연어는 죽을힘을 다해 온갖 장애물을 돌파한다. 자신의 생명을 위협하는 대상과 맞닥뜨려도 무엇이든지 뛰어넘는다. 그리고 산란을 한다. 일단 산란하면 죽음의 힘이 모습을 드러낸다. 후대의 생명을 위해서 과감하게 스스로 자신을 죽인다. 연어를 죽인 것은 죽음의 충동이다. 하지만 연어는 그 죽음을 통해 후대의 새끼 연어들이 활기찬 생명을 얻어 살아나갈 수 있게 만든다. 그것은 사랑의 충동이다.

"프로이트는 한편으로는 개성적 개인과 무개성적 대중을 구분했어. 그러면서도 그는 '대중-개인'과 '개인-대중'이라는 복합 개념을 사용했어. 대중-개인은 그야말로 니체가 말하는 군중이요 천민이야. 그러나 개인-대중은 프랑스혁명군에서 볼 수 있는 개성과 의식을 가진 대중이라고 할 수 있어. 우리나라에서도 4·19혁명•이나 5·18광주시민혁명•과 같은 혁명적 운동에 참여한 대중은 개인-대중이지. 창의적이고 자발적이며 개방적인 집단이라고 할 수 있지. 프로이트가 말한 개인-대중은 개성적 개인들로 구성된 공동체 집단을 가리키지.

프로이트는 어떻게 전쟁을 예방하고 피할 수 있느냐는 아인슈타인의 질문에 이렇게 답했대. '평화를 추구하는 공동체의 부단한 노력만이 전쟁을 막을 수 있소. 죽음의 충동은 끔찍합니다. 오직 인류 공동체의 사랑의 충동(에로스)만이 전쟁의 참화를 막을 수 있을 것이오.' 공동체 안에서 창의적, 개성적, 개방적인 개인들이 격의 없이 의사소통을 전개하면서 가장 바람직한 사회 정의를 현실에서 실현할 때 우리들은 대중이 밀어붙이는 전쟁의 위협을 예방할 수 있을 거야."

열린사회는 개인-대중의 사회이다. 이에 반해 닫힌사회는 대중-개인의 사회이다. 독재국가나 전제군주국가 또는 공산주의 국가에서는 특정한 독재자나 왕 또는 특정한 당이 개인의 개성을 무시하고 대중-개인들을 무개성적 집단으로 여기고 일방적으로 지배한다. 이런 사회는 인간의 창의성, 자발성, 비판성 등이 모두 막혀 있고 갇혀 있는 폐쇄된 사회이다. 그러나 열린사회는 인간의 창의성, 자발성, 기회 등이 모두 보장되어 있다. 모두에게 기회가 열려 있다. 기회에 대한 자유와 평등을 주장하면서 부단히 의사소통을 한다. 이것이 열린사회이다. 열린사회는 사회 정의가 가능한 지평(地平)이다.

생각해 볼 문제

1. 서양 중세 철학에서 토마스 아퀴나스의 사상은 어떤 위치를 차지하는가?

2. 신의 계시와 신의 법은 서로 어떤 관계를 가지고 있는지 이야기해 보자.

3. 신의 법과 자연법 그리고 실정법의 관계를 구체적으로 언급해 보자.

4. 공리주의자 벤담이 말한 '최대 다수의 최대 행복'은 무엇을 말하려고 하는지 상세히 지적해 보자.

5. 관습과 자연은 일치하는지 아니면 대립하는지를 설명해 보자. 자연의 두 가지 측면들은 어떤 것들인가?

6. 열린사회에서만 사회 정의가 가능한 이유를 제시해 보자.

5

공동체의 행복

인간은 인간에 대하여 늑대다

　오늘날의 인간의 모습을 찬찬히 살펴보면 인간은 분명 문화적 존재이다. 따라서 인간에게서 문화적 껍질을 벗겨 버리면 인간은 더 이상 문화적 존재가 아니다. 한 마리의 늑대에 지나지 않는다. 늑대는 어디까지나 짐승이다. 그러나 인간은 이중적 존재이기 때문에 문화적 존재면서도 자신이 필요할 때는 늑대의 모습을 드러낸다.

　영국 철학자 홉스는 인간의 원시적 측면을 강조하면서 두 가지를 말한다.

　"인간은 인간에 대하여 늑대다."

　"모든 사람들이 모든 사람들을 상대로 싸우는 것이 인간의 자연스러운 상태이다."

　자연 세계를 조용히 바라보면 잡아먹고 잡아먹히는 치열한 생존

경쟁이 벌어지고는 있지만 그것이 거대한 조화와 질서 속에서 이루어지고 있다는 것을 알 수 있다.

아프리카 사자는 먹이사슬의 맨 꼭대기 자리에 앉아서 천하를 호령하면서 모든 동물을 사냥해 잡아먹는다. 그러나 사자는 배를 채우면 더 이상 사냥을 하지 않는다. 영양이나 누와 같은 초식동물들은 사자가 배불리 먹고 쉬거나 잠자고 있으면 바로 옆에서도 여유롭게 풀을 뜯으면서 평화를 맘껏 누린다. 그런데 인간은 어떤가? 인간은 다른 인간에게 늑대 같은 존재일 뿐만 아니라 모든 자연 대상들에 대해서도 늑대 같은 존재이다. 인간의 탐욕은 끝이 없다.

인간의 무한 탐욕은 온갖 불의(不義)를 불러온다. 기만, 사기, 절도, 강도, 강간, 전쟁 등은 모두 인간의 탐욕 때문에 생긴 불행이요 불의이다.

"인류의 시조에게 갑자기 놀랄 만한 사건이 벌어지기 시작했대. 다른 동물들과 비교할 수 없을 정도로 신경세포의 수가 엄청나게 불어나기 시작한 거야. 결국 지능이 급속도로 발달하여 도구를 발명하고 불을 사용하기 시작한 거야. 어디 그뿐인가? 추상적인, 곧 논리적인 생각을 하면서 문화를 창조하기 시작한 거지. 인류의 선조는 지성의 전지전능함을 믿으면서 거만해지고 탐욕 덩어리로 변하기 시작한 거야. 그러면서도 한편으로는 타인에 대한 이타적인 배려를 가질 수밖에 없었어. 왜냐하면 탐욕만 부릴 경우 결국 전쟁이 벌어져서 모든 인간들이 멸망하고 말 것이기 때문이지."

어떻게 보면 인간은 갈등하는 모순적 존재이다. 연인이나 부부에게는 더할 나위 없이 다정다감하다. 사랑밖에 없는 것 같다. 하지만 그들 역시 갈등하는 모순적 존재이기 때문에 수시로 상대방을 증오하고 싫어하기까지 한다.

덴마크의 실존 철학자는 남녀의 사랑과 인생에 대해서 이렇게 말했다.

"사랑해 보아라. 고통스러울 뿐이다. 사랑하는 사람을 만나고 싶어

서 괴롭고 만나면 헤어지기 싫어서 괴롭고 결국 이래저래 괴로울 뿐
이다. 사랑하는 연인이 있으면 행복하지만 나를 구속하기 때문에 결
국 불행할 수밖에 없다. 사랑하지 말고 혼자 살아 보아라. 혼자 살면
자유롭지만 너무나 외로워서 괴롭다. 그렇다면 사랑하건 사랑하지
않건 인생이란 고통스러운 것이다."

키르케고르는 인간이 살아가는 태도, 곧 실존에는 미적 실존, 윤리
적 실존, 종교적 실존이 있다고 보았다.

미적 실존의 인간은 남녀의 관능적 사랑처럼 쾌락만 추구하는 존
재이다. 이기적이며 관능적인 쾌락만 추구하는 상태는 홉스가 말한
'인간은 인간에 대하여 늑대'인 존재이거나 '모든 사람이 모든 사람
들을 상대로 싸우는 상태'와 다를 것이 없다. 왜
냐하면 개인들이 오직 자신만의 이익을 추구
하다 보면 서로 충돌하고 싸울 수밖에 없기 때
문이다.

인간의 역사에 대해서는 발전사관, 몰락사
관, 순환사관, 혼돈사관 등 네 가지 입장이 있
다. 낙천적인 사람들이나 낙천주의의 종교, 철
학 등은 인류 역사가 앞으로 더 좋아지고 발전
한다는 사관(史觀)⃰을 가지고 있다. 그러나 염
세주의자들은 인류의 역사가 몰락하리라는 사
관을 제시한다. 예컨대 슈펭글러⃰와 같은 역

사가는 『서양의 몰락』에서 인류 역사가 멸망의 길을 걷고 있다고 말했다. 토인비*와 같은 역사가는 '역사란 흥했다 망했다를 반복한다.'는 순환사관을 대변한다. 그런가 하면, 쇼펜하우어*와 같은 철학자는 삶의 원천인 '삶에 대한 의지'는 맹목적이기 때문에 역사의 전개는 혼돈(카오스)이라고 주장하였다.

인간 관계의 전개 과정을 이들 네 가지 역사관으로 설명할 수 있다. 그 네 가지 입장의 최대 공약수를 찾는 방법이 의사소통을 통해 서로의 생각을 확인하는 과정이다.

"네 가지 역사관들을 독립적으로 설명하기보다는 통합해 보자고. 각각의 사관이 역사 발전 과정에 대한 하나의 견해라고 보는 거야. 그러면 역사관들이 서로 충돌하고 모순되는 측면이 보이지. 또 조화를 이루는 측면도 나타나지. 그런 식으로 그런 부분들을 정리해서 추려 낼 수 있다면 우리들의 이기적, 관능적 실존을 극복할 수 있을 거야. 인간이란 이기적이면서도 이타적이야. 이제는 우리들도 인간의 다원적인 특성을 인정해야 해. 키르케고르는 미적 실존으로부터 윤리적 실존으로 비약하고 다시 윤리적 실존에서 종교적 실존으로 비약해야만 인간의 구원이 가능하다고 했어.

우리들은 키르케고르의 이러한 주장을 어떻게 이해하여야 할까?

키르케고르는 덴마크의 우울한 실존주의 철학자였지만 그의 실존주의는 어디까지나 낙천주의적이야. 왜냐고? 그는 인간의 구원을 확실히 믿었기 때문이지. 인간의 구원이 무엇이냐고? 구원은 곧 행복이야. 구원은 정의의 실현이지. 정의는 사회적인 것인데, 키르케고르도 사회 철학적 차원에서 정의를 언급했느냐고? 물론 그건 아니야. 그가 말한 구원은 가장 공정한 것이기 때문에 정의라고 할 수 있다는 것이야. 키르케고르의 정의를 좀 더 설명해 볼까? 그것은 신의 계시의 실현이야. 동시에 그것이 인간의 신앙을 통해 만나야 돼. 그러면 그것이 정의가 돼. 그는 그렇게 설명하고 있지. 토마스 아퀴나스의 신의 법은 어떤 의미에서는 키르케고르의 종교적 구원이요 정의라고 할 수 있겠지."

염세주의
쇼펜하우어의 철학사상. 인간은 맹목적인 생명의 의지에 이끌려 불행하고 비참한 삶을 사는데, 생명에의 의지를 부정함으로써 이 고통으로부터 벗어날 수 있게 된다고 했다.

낙관주의
염세주의와 반대되는 말. 인생과 현실을 즐겁고 좋은 것으로 여기어 만족해하는 주의

우리들이 염세주의*적 관점으로 세상을 바라보기 시작하면 만사가 부정적인 색깔에 물든다. 어떤 곳에서도 희망과 즐거움을 찾기 힘들다. 그러나 일단 관점을 바꾸어 낙관주의*의 눈으로 주변을 바라보면 내 주변의 모든 것들이 아름답고 선하다. 참다움으로 가득 차 있다. 그렇기 때문에 "인간은 다른 인간을 잡아먹으려고 하는 늑대와 다를 바 없다."는 홉스의 말은 인간을 보는 하나의 관점일 뿐이다. "인간은 모든 인간들에게 천사짓을 한다."라

고 말하는 사람들도 있다. 그것은 인간을 바라보는 또 다른 관점이다.

우리들이 어떻게 그리고 얼마만큼 바람직한 인간상과 바람직한 사회 정의를 창조해 나갈 수 있을지의 여부에 따라서 우리의 삶은 조금씩 변할 것이다. 긍정적인 방향을 바라보고 있다면 우리의 삶은 그 방향으로 조금씩 개선될 수 있을 것이다.

박애는 가능한 걸까

　선과 악은 인간 안에게 본래부터 늘 변치 않고 존재했을 수 있다. 그럴지도 모른다는 생각이 들 때가 많다.

　어릴 때부터 착했던 사람은 나중에 어른이 되어서도 선행을 하니까 말이다. 그런 사람은 끝까지 착한 일을 하다가 죽는다. 그런 경우가 많다.

　반대 경우도 있다. 어릴 때부터 온갖 나쁜 짓을 저지르던 사람들은 나이 들어서도 크고 작은 범행들을 저지른다. 그러다 끝내 사회에서 격리되는 심각한 처벌을 받는다. 이런 경우도 흔하다.

　맹자*의 성선설(性善說)과 순자*의 성악설(性惡說)은 각각 인간의 본성이 착하다는 주장과 악하다는 주장을 대변한다. 성선설의 입장에서 보자면 '무한한 사랑'인 박애가 가능하다. 성악설의 관점에서는 불가능하다.

　박애에 대한 의식이 없는 곳에서는 사회 정의가 실현될 수 없다. 왜냐하면 공정함이라는 정의의 개념 때문이다. 공정성은 나 자신에 대한 사랑만 이야기하는 것이 아니다. 타인들에게 대한 무조건적인 사랑을 전제로 삼고 있다.

　"우리들 보통 사람이 생각하는 사랑은 미움과 반대되는 개념이야. 그런데 애증(愛憎)이라는 말은 무엇을 뜻할까? '애증이 엇갈리는 남녀 관계'라고 하는 말은 사랑과 증오가 서로 오고가는 남녀 관계라는 말이야. 그렇다면 넓고 무한한 사랑이라는 박애가 가능할까? 박애는 평범한 인간들 사이에서는 현실적으로 불가능한 것 같아. 예수°가 '원수를 사랑하라.'고 할 때의 사랑은 무엇을 뜻하지? 테레사 수녀°가 병들고 가난한 사람들과 함께 생활하면서 그들에게 베푼 사랑은 무엇을 의미하지? 보통의 사람들이 박애를 베풀기는 현실적으로 어려워. 하지만 적어도 박애를 이상(理想)으로 삼을 수는 있을 거야."

　"나는 순자의 성악설에 동의할 수밖에 없어. 제2차 세계대전 때 민간인과 군인이 수천만 명 목숨을 잃었어. 독일의 나치 당원들이 살해한 사람만 해도 6백만 명에 달한대. 독일인들은 유태인들을 비롯한 포로들을 독가스실

맹자
(BC 372?~BC 289?)
중국의 사상가 공자의 정통유학을 계승 발전시켰으며, 백성에 대한 통치자의 의무를 강조했다.

순자
(BC 298?~BC 238?)
중국의 사상가. 예의로써 사람의 성질을 교정할 것을 주장했다.

에서 살해한 후 시체를 활용해 비누나 생필품을 만들었대. 또 살아 있는 포로들을 생체 실험에 사용했대. 일본인들도 마찬가지야. 포로들을 생체 실험에 사용했어. 무자비하지. 그런데 오늘날 독일이나 일본은 선진국이자 경제대국으로 세계에서 큰소리 치고 있어. 이렇게 보면 도대체 인간에게 사회 정의가 가능한지 심각하게 묻지 않을 수 없어.

미국은 물론이고 프랑스, 독일, 영국, 스위스 등은 문화 수준이 매우 높고 국민소득도 많아 잘 먹고 잘살아. 소위 세계 평화에도 크게 기여하고 있다고 해. 말하자면 모범적인 선진국들이야. 그런데 아프가니스탄이나 이라크처럼 전투를 하고 있거나 전쟁을 일으킬 소지가 있다는 나라들에서 사용되고 있는 무기들은 어디서 생산된 것들일까? 대부분의 무기들은 미국, 러시아, 중국 등에서 만든 것이지. 프랑스, 독일, 영국, 스위스 등에서 만든 것들도 꽤 있대.

선진국들은 후진국들에게 고도의 문화와 교육을 물려주고 가르쳐 준 것이 사실이야. 게다가 식량을 원조하고 농업 기술도 전수해 주었어. 그러면서도 선진국들은 후진국들에서 엄청난 산업 자원을 헐값으로 가져가고 있는 거야.

우리나라의 독도 문제를 한번 짚고 넘어가 볼까? 일본은 대일본제국을 꿈꾸면서 그 첫

번째 단계로 한일합방을 한 후 1910년부터 36년간 한국을 식민지로 통치했어. 일본의 핑계는 못 먹고 못 사는 한국인들을 근대화시켜서 잘 먹고 잘 살게 해주면서 한국인들을 황국신민(皇國臣民)*으로 만들겠다는 것이었지. 수많은 한국 젊은이들을 한편으로는 일본군으로 또 한편으로는 노동자로 전쟁터에 끌고 갔어. 또 젊은 여자들을 정신대원으로 끌고 가서 일본군의 성 노리개로 만들었지.

그렇지만 적지 않은 일본인들은 오늘날에도 여전히 큰소리 치고 있어. 일본이 한국을 식민지화했기 때문에 한국이 근대화되어 경제적으로 잘살게 되었다는 거지. 그리고 교육 수준도 높아졌다고 해. 일본인들은 그들이 말살한 한국 고유의 문화 전통, 그들이 강탈해간 한국의 문화재들, 그들이 강제로 징집했던 무수한 한국 청년들의 죽음 등은 까맣게 잊은 채 자기들이 한국을 근대화시켰다고 계속 중얼거리고 있어. 독도 문제? 그래. 일본은 과거 일본인들이 한국을 식민지로 삼고 짐승 같은 짓을 한 것을 슬쩍 덮어 두고 독도는 일본 영토라고 생떼를 쓰고 있잖아? 그것도 자기네의 선진국다운 정치력과 외교력을 동원해서 국제 사회에 독도를 일본 영토라고 주장하고 있어. 소위 선진국이라는 것과 사회 정의란 전혀 무관한 것처럼 보여."

"그렇게 보면 순자의 성악설이 타당한 것 같아. 그러나 맹자의 성선설 역시 설득력이 있어. 참으로 아이러니하게도 독일인이나 일본인 중에는 세계대전을 일으킨 것에 대해 참회하면서 헐벗고 굶주린 후진국 사람들을 돕는 데 열정을 바치는 사람들도 꽤 있어. 어떻게 보면 인간이란 상황에 따라서 악하게도 되고 선하게도 되는 것 같아. 내가 보기엔 도덕적인 선이나 악은 인간이 본래부터 가지고 태어나는 윤리적 덕목들이 아니야. 인간은 성장하면서 가정 교육과 사회 환경에 따라서 도덕적 품성이 점차 만들어져 가는 것이 분명해. 그러니까 인간이 어려서부터 선과 악을 구분하고 선한 행동을 할 수 있는 품성을 지니기 위해서는 민주주의의 열린 교육이 필수적이야."

민주주의 교육이 보편적으로 수행되는 곳이라야 인간은 이기주의를 극복하고 이타주의적인 박애 정신을 발휘할 수 있다. 자유와 평등만으로는 사회 정의가 불가능하다. 자유와 평등이 박애로 물들 때에만 진정한 의미의 사회 정의가 빛을 발할 수 있다.

혈연과 학연과 지연

　사회 정의 실현에 가장 걸림돌이 되는 것은 무엇일까? 혈연과 학연과 지연이다. 이기적이면서 집단적인 사고방식은 닫힌 사회의 특징이다. 그러한 사회에서는 사회 정의가 발붙일 장소가 없다.

　만일 어떤 사회가 혈연이나 학연 또는 지연에만 의존해서 권력 있는 지위에 인재를 채용한다거나, 특정 관계에 있는 사람들에게 보통 사람들보다 유리한 경제적, 사회적 신분을 부여한다면, 그러한 사회는 분명히 닫힌사회이다. 예컨대 쿠바의 독재자 카스트로는 동생에게 국가 지도자의 자리를 물려주었고, 북한의 김일성은 아들 김정일에게 국가 영도자 자리를 물려주었다. 김정일은 다시 아들 김정은에게 지도자의 자리를 물려주는 데 온갖 힘을 다 쏟았다. 그런가 하면 미얀마에서는 수년 전 수치 여사*가 선거에서 승리했음에도 불구하고 그녀를 투옥하고 군사 독재 체제를 유지하고 있다. 이처럼 인간의 자유와 평등을 억압하고 무시하는 사회는 닫힌사회임이 분명하다.

"최근에 하버드대 교수가 쓴 『정의란 무엇인가』라는 책이 수십 만 부나 팔렸대. 그동안 미처 되짚지 못했던 정의에 대한 궁금증이 싹텄다고 보아도 좋을 거야. 현실적으로 사회 정의가 구현되려면 아직도 엄청나게 많은 시간과 노력이 필요해. 로마가 하루아침에 이루어졌겠어? 사회 정의란 서양에서, 특히 1789년 프랑스혁명 때 꽃이 피었다고 할 수 있어. 그러나 고대 그리스의 플라톤과 아리스토텔레스도 정의에 대해 체계적 이론을 전개한 적이 있지. 물론 그들이 말한 정의는 매우 관념적이었기 때문에 현실적인 사회 정의와는 거리가 있었지. 그래도 서양의 사회 정의는 꽤 오랜 기간에 걸쳐 이론과 실천이 다듬어져서 만들어진 윤리적 덕목이야."

"그래. 서양이라고 해서 고대 그리스 로마 때부터 사회 정의가 실행되고 있었던 것은 아니야. 고대 그리스와 중세의 로마와 유럽 여러 왕국들에 사회 정의의 싹은 숨겨져 있었지만 그 싹이 터져 나와서 꽃을 피운 것은 프랑스혁명 때야. 고대 그리스와 로마, 중세 봉건시대에는 왕이나 귀족들만 인격체를 갖춘 인간처럼 여겼고, 평민이나 농노 또는 노예들은 왕이나 귀족들을 위해서 봉사해야만 하는 존재들로 생각했어. 소위 자유와 평등과 정의는 왕과 귀족들만 가진 것이고 평민이나 노예들과는 전혀 상관없는 개념들이었다고 할 수 있지. 사정은 동양도 마찬가지였지. 조선시대 때까지만 해도 우리나라는 양반들만 출세할 수 있었어. 평민이나 노예들이 신분 상승을 해서 지배 계급이 된다는 것은 꿈꿀 수도 없었어. 단지 하루하루 연명하는 것으로 만족하여야만 했어. 특히 중국을 비롯해서 중국 문화의 영향을 가장 많이 받은 한국과 일본은 혈연, 학연, 지연을 가장 중요하게 여기는 나라들이야.

예컨대 어떤 재벌* 회사의 회장이 후계자를 정하는 것을 보면, 거의 대부분 자신의 자식을 차기 회장으로 정해. 혈연 중심 사고방식이 지배해서 그런 거지. 자기 핏줄 아니면 믿지 못하는 거야. 재벌 회사의 회장 일가는 회사 전체 재산의 3~5퍼센트밖에 소유하고 있지 않으면서, 마치 한 나라의 황제처럼 절대권을 휘두르고 있어. 재벌 회사들의 회장 승계를 보면 분명 사회 정의와는 거리가 너무 먼 것이 사실이야. 사실 회사는 모든 회사 구성원들의 노력 때문에 존재할 수 있는데도 말이야.

그런가 하면 국회의원 선거만 보아도 일정 지역이 중심이 되는 당에서 나온 그 지역 후보에게 몰표를 주지. 그런 현상은 지연을 중시하는 풍토의 산물이야. 지연 중심은 혈연 중심과 마찬가지로 사회 정의의 실현에 커다란 장애물일 뿐이지. 대학 교수 사회에서도 재미있는 현상을 볼 수 있지. 대부분의 대학은 특정 대학 출신 교수들로 구성되어 있는 경우가 많아. 어떤 대학을 보면 그 대학 출신 교수가 반 이상이나 또는 대다수이고 나머지는 두세 군데 특정 대학 출신 교수들로 메우고 있어. 이런 경우는 학연 중심의 사고방식이 지배적이라는 것을 보여 줘. 학연 중심의 사회 역시 사회 정의가 실현되기 힘들어."

"그래. 중국이나 한국 그리고 일본에서는 혈연, 학연, 지연이 너무 끈끈하고 강해서 사회 정의가 실현되는 데 꽤 시간이 필요할 거야. 옛날 중국, 한국, 일본에서는 양반들이 과거 시험에 합격해야만 입신양명(立身揚名)*해서 출세할 수 있었어. 현대로 들어와선 과거 시험 제도가 없어져 버렸어. 그 대신 사법고시나 행정고시에 붙어야 특권층이 될 수 있었고, 소위 베이징대, 서울대, 도쿄대 등 소위 명문대나 일류대에 들어가야 장래가 보장되었지. 자연히 입시 학원이 난무하고 권력과 돈이 있어야 좋은 입시 학원에 다녀서 일류 대학에 입학하고 나중에 특권층에 진입할 수 있다는 믿음이 널리 퍼지게 된 거지."

혈연, 학연, 지연이 전적으로 무의미하다거나 무가치하다는 것은 아니다. 우리들은 공(公)과 사(私)를 명백하게 구분할 줄 알아야 한다. 사적인 차원에서 혈연, 학연, 지연은 우리들의 삶의 터전이다. 우리들의 생활에 활기를 불어넣어 준다. 그러나 공적인 측면에서는 평가나 판단이 달라진다. 우리들은 혈연, 학연, 지연에 대해서 냉정해야 한다. 그것들을 떠나서 한 인간의 능력과 적성을 관찰하고 그렇게 해서 그 사람을 평가해야 한다. 그것으로 그에게 적절한 사회적 지위를 부여하여야 한다.

만일 우리들이 혈연, 학연, 지연의 끈을 놓지 못하고 공사(公私)를 구분하지 못한다면 우리 사회에서 사회 정의가 구현되는 날을 결코 기대할 수 없을 것이다.

평등한 권리란?

남녀노소는 물론이고 피부 색깔과 인종을 가리지 않고 사람들이 평등한 권리를 행사하는 나라가 과연 있을까? 프랑스, 영국, 독일, 스위스, 네덜란드 등과 아울러 덴마크, 노르웨이, 스웨덴, 핀란드 등 스칸디나비아 국가들에서는 어느 정도 인간의 평등한 권리가 보장되고 있다고 생각한다.

평등한 권리의 보장을 위해서는 사상적인 그리고 사회 실천적인 기초가 장기간에 걸쳐서 다져져야 한다.

"그리스 철학은 평등한 권리에 대한 기본적인 근거를 제시해 준 것이 사실이야. 플라톤과 아리스토텔레스의 정치 철학은 정의라는 덕목을 사회 윤리의 가장 중요한 덕으로 제시했어. 또한 그리스 말기의 스토아 철학은 코스모폴리터니즘을 주장했지. 이것은 사해동포주의(四海同胞主義)이자 만민평등주의(萬民平等主義)이지. 오늘날 평등사상의 시초라고 볼 수 있어. 서양의 중세에 들어오면 기독교 사상이 지배적인 사상이 되지. 인간과 만물은 신의 피조물이며 신 앞에서는 모든 인간이 평등하다는 평등사상이 깔려 있어. 그러나 점차로 왕족 및 귀족들과 가톨릭 교회가 결탁해서 봉건제도를 확립하게 돼. 그러면서 귀족 계급과 평민, 노예와 농노 계급이 정착되었지. 그래서 말로는 인간 평등을 외치면서도 현실적으로는 인간 불평등이 현실화되었던 거야."

"루소도 그렇고 니체도 인간 불평등의 기원을 인간의 인위적인 지성의 힘에 두고 있어. 니체는 『선과 악의 저편』이라는 책에서 원래는 선과 악이 없었으며 소위 강자라는 지배 계층도 존재하지 않았다고 말해. 그는 『도덕의 계보학』에서 권력, 곧 사회 윤리적 힘의 기원을 밝히려고 했어. 니체에 의하면 원시사회에서는 강한 신체의 힘을 소유한 자가 점차 선하며 정의롭고 강한 자로 떠올랐어. 그런데 지배를 당하던 약자들이 힘을 키워서 대항하자 처음에 지배층이었던 인간들은 절대적인 힘을 갈망했고, 절대적 힘을 가지고 피지배자들 위에 군림하면서 권력을 휘두르려고 했대. 그래서 결국 하나님과 계시를 발명(날조)해 냈다는 거야. 그래서 사제(司祭)들은 막강한 힘을 가지고 일반인(신자들)을 억압할 수 있게 되었대. 그러나 이제는 일반인들도 신과 계시가 날조되었다는 것을 알고 '신은 죽었다'라고 말하기 때문에 현대는 허무주의의 시대라는 거야."

"내가 보기에 마르크스*의 공산주의도 인간의 평등한 권리를 쟁취하고자 하는 정치·경제 사상이야. 공산주의라고 하면 우리는 '빨갱이'나 공산 독재만 생각하기 쉬워. 그러나 마르크스는 유산 계급과 무산 계급, 다시 말해서 주인과 노예의 계급 차이를 타파하고 인간 평등을 실현시키고자 한 이상주의 철학자야. 왜 마르크스가 이상주의자냐고? 마르크스는 모든 인간들이 노동자가 되어 자신이 생산한 것을 자신이 소유하면서 물질적 욕망을 충족시킴으로써 행복할 수 있다고 확신했어. 마르크스는 가진 자와 못 가진 자, 곧 유산자와 무산자의 계급을 철폐하고 모든 사회 구성원들이 노동자가 되면 자연적으로 행복한 공산주의 사회가 도래하리라고 믿었던 거야. 공산주의는 일종의 사회주의인데 사회주의란 사유재산을 인정하지 않는 제도야. 사회주의 사회에서는 공동 생산하고 공동 분배함으로써 모든 사회 구성원들이 평등한 권리를 누릴 수 있는 거야."

"그러나 현실은 아니잖아? 옛 동독이나 현재의 북한과 같은 곳에서 계급을 타파하자고 외치면서도 공산당을 유지하기 위해서 수십 가지의 계급 차이가 엄연히 존재해. 따라서 인간의 불평등이 더 심해지는 경향이 있어. 마르크스는 물질적 욕망 충족이 곧 행복이라고 했지만 그것은 너무 단순하고 일면적인 주장이야. 인간의 평등한 권리란 단지 정치·경제적인 평등한 권리라고 하기 힘들어. 민주주의 사회에서 평등한 권리란 무엇일까? 그것은 정치, 경제, 사회, 문화적 상황을 평등하게 누릴 기회를 동일하게 얻을 수 있는 권리라고 할 수 있을 거야. 보다 더 구체적으로 이야기하면, 가령 교육에 대한 권리는 평등한 권리여야 해. 특정한 사람만 어떤 대학에 입학할 수 있게 미리 결정되어 있는 것이 아니라 능력이 있고 적성에 맞는 사람은 누구나 그 대학에 지원할 수 있는 기회를 똑같이 가질 경우 우리는 평등한 권리를 누리고 있다고 말할 수 있어. 집회결사의 자유 역시 평등권을 잘 설명해 준다고 볼 수 있지. 집회는 물론이고 의사 표현의 자유를 보장해 주니까. 누구든지 자유롭게 함께 모일 권리가 있고 자신의 의견을 표현할 권리가 보장되어 있기 때문이야."

물론 현실 사회에서는 사람마다 성격도 다르고 능력에도 차이가 나며 빈부 격차가 있는 것이 사실이다. 평등한 권리란 사회 구성원 각자가 똑같은 양의 돈이나 재물을 소유할 권리가 있다는 말이 아니다. 돈이나 재물을 소유할 기회가 똑같이 주어진다는 말이다. 즉 기회 균등의 권리를 각 개인이 가지고 있다는 것이 평등한 권리의 의미이다. 평등의 핵심은 인간성 내지 인격의 동등함인 것이다.

프랑스혁명의 윤리적 의미

오랜 역사 과정을 거치면서 인간의 의식은 점차로 깊이와 넓이를 키워 왔다. 헤겔식으로 말하자면 아시아적 의식, 그리스·로마적 의식, 근대시민사회 의식으로 인간의 의식이 발전되어 왔다고 말할 수 있다. 전제군주국가나 독재국가에서는 왕이나 독재자 한 사람만 의식을 가지고 깨어 있는 것처럼 여긴다. 전제군주국가나 독재국가는 폐쇄 사회이며 폐쇄 사회에서는 자유는 물론이고 평등과 박애도 무의미하다.

그리스·로마 사회는 귀족들이 다스린 사회이다. 이러한 사회에서는 선택된 일부의 사람들만이 의식을 가지고 깨어 있는 것처럼 생각한다. 그리스·로마 사회에서 말하는 인간 의식은 자유, 평등, 박애의 씨앗에 불과한 의식이다. 그러나 프랑스혁명에서 절정에 달한 근대시민의식은 자유, 평등, 박애가 꽃을 활짝 피운 의식이다. 근대시민의식은 사회 정의를 깨닫고 실현시킬 수 있었던 의식이다.

"우리나라의 4·19혁명이나 5·18광주시민혁명은 모두 사회 정의를 구현하기 위한 혁명이었지. 1789년에 일어난 프랑스혁명이야말로 자유, 평등, 박애를 기치로 내걸고 사회 정의를 외치는 시민들의 혁명이었어. 물론 15세기 르네상스와 아울러 봉건제도가 무너지고 인간의 자유와 평등을 주장하는 근대 정치 철학들이 등장하기는 했어. 그러나 현실적으로 자유와 평등을 바탕으로 삼은 시민의식이 꽃피는 계기는 프랑스혁명이야. 부르봉 왕조의 실정(失政)은 프랑스혁명을 불러 왔지. 무엇보다도 루이 16세의 경제 정책이 실패를 거듭하자 그 동안 쌓였던 시민들의 분노가 드디어 폭발해 버린 것이야. 시민들은 봉건제도와 왕정이 인간 차별을 한 데에 대해 염증을 느꼈고, 정치, 경제, 사회, 문화적 지위에 대한 평등한 권리를 갈망했어. 결국 시민들은 자유, 평등, 박애를 외치면서 루이 16세•와 왕비 마리 앙투아네트의 목을 단두대로 잘라 버리고 공화 정치의 무대를 여는 데 성공했던 것이야."

"그래. 시민의식이란 바로 민주주의 의식이야. 민주주의란 링컨이 말한 대로 국민이 하는, 국민을 위한, 국민 자신들의 정치를 말해. 유

럽 전체를 오랜 동안 지배해 온 정치·경제 체제는 봉건주의였어. 봉
건주의는 귀족, 평민, 노예 등 인간의 차별을 엄연히 인정하는 체제
야. 그러나 수많은 봉건국가들이 장기간 권력 투쟁을 하는 동안 사람
들은 점점 자유와 평등에 대해서 눈뜨기 시작했던 거야. 수많은 봉건
영주들과 귀족들은 전쟁에서 패하면 죽거나 노예로 전락해 버렸어.
영원히 고귀한 인간도 없고 영원히 천박한 인간도 없다는 생각, 그리
고 인간은 누구나 고귀한 생명을 가지고 있다는 의식이 사람들 마음
속에 점차 새겨지고 있었어. 따라서 인간의 생명은 모
두 고귀하고 타인도 나 자신과 마찬가지로 수단이
아니라 목적이라는 의식이 점점 명백해지기

시작했지. 그래서 인간 평등사상은 이미 중세의 긴 역사 동안 조금씩 싹트고 있었던 것이야."

확실히 프랑스혁명은 인간의 의식과 사회 제도를 질적으로 변화시켰다. 종래 혈연 중심의 왕정이나 봉건제에서는 왕이나 봉건 영주가 세습되었다. 그러나 이제 시민들은 그와 같은 세습이 무의미하다는 것을 깨닫게 되었다. 왕이나 봉건 영주도 권력과 재산을 잃으면 평민이나 노예로 몰락할 수밖에 없었다. 왕이나 봉건 영주라 해도 더 이상 핏줄에 의해 자자손손 왕이나 봉건 영주로 군림할 수 없었다.

대중의 뜻을 잘 헤아려서 제대로 통치하면 지도자로 선출되어 일정 기간 공직에 있다가 임기가 끝나면 다시 평민으로 돌아가고, 다른 지도자가 선출되어 정치하는 소위 대의 민주주의가 공정한 정치제도로 자리 잡기까지는 매우 오랜 시간이 필요했다.

"우리들은 변화와 혁명을 확실히 구분할 필요가 있어. 예컨대 우리나라에서 전두환 정권에서 노태우 정권으로 바뀌었을 경우, 그런 경우는 변화에 해당해. 왜냐하면 사람만 바뀌었을 뿐이고 군사 정권은 그대로 남아 있기 때문이지. 그러나 4·19혁명이나 5·18광주시민혁명은 정치 체제의 질적 변화를 강력히 추구한 정치 운동이기 때문에 혁명이라고 부를 수 있어. 4·19나 5·18 모두 독재 정권에 대한 학생들과 시민들의 저항 운동이었어. 진정한 정치 혁명은 무엇보다도 우선 정의에 대한 갈망을 핵심 내용으로 품고 있어야 해. 그래서 역사상 가장 전형적인 정치 혁명을 우리들은 프랑스혁명으로 꼽고 있는 거야. 사회 정의는 프랑스혁명이 실천하자고 제시한 자유, 평등, 박애를 포함하고 있어. 물론 가장 바람직한 사회 정의는 자유, 평등, 박애와 함께 권리와 의무도 포함하고 있다고 봐야지. 한 걸음 더 나아가서 보면 사회 정의는 선이어야 할 뿐만 아니라 행복과도 뗄 수 없는 관계를 맺고 있어.”

프랑스혁명 이후 유럽의 선진국들을 비롯해서 수많은 선진국들과 개발도상국들에서는 절차적 민주주의*와 대의민주주의를 통해서 사회 정의의 실현을 위해서 노력하고 있다. 공동체 사회가 특정한 정치, 경제, 사회, 문화적 결정을 하기 위해서는 적법한 절차적 민주주의와 공정한 대의민주주의를 현실적으로 수행해야만 사회 정의가 확립될 수 있다. 프랑스혁명은 사회 정의에 관해서만은 현대 민주주의 국가들에 가장 바람직한 전형을 제시하였다.

공동체 사회에서 인간의 평등과 행복

사람이라면 누구나 행복을 원한다. 결국 행복한 삶을 살겠다는 것이 우리 보통 인간들의 최종 목표이다. 간단히 말하자면 진(眞), 선(善), 미(美)를 누리면서 그것을 통해 쾌감을 얻는 즐거운 삶을 살고자 하는 것이 모든 인간의 목적이다. 동시에 인간은 그것을 혼자만 즐기지 않는다. 단순한 집단이 아닌, 협력적 공동체를 형성하여 그 안에서 개인의 행복과 아울러 공동체 사회의 행복을 추구한다.

"인간이 형성하는 집단은 단순한 양적 집단이 아니라 어디까지나 인격 주체들이 함께 모인 공동체야. 가정, 사회, 국가 등은 인간이 형성한 대표적인 공동체 사회의 단위들이야. 유교에서는 수신제가치국평천하(修身齊家治國平天下)라고 했어. 자기 자신을 수양해서 닦고,

가정을 반듯하게 세우고, 나라를 옳게 다스리며, 천하를 고르게 만든 다는 뜻이야. 정의로운 국가가 되기 위해서는 국가의 기초 단위가 되는 가정과 사회의 윤리가 옳게 자리 잡고 있어야만 해. 가정의 윤리는 뭐니 뭐니 해도 사랑이야. 사랑이 없으면 부부는 이혼할 수밖에 없고 부부가 이혼하면 당연히 가정은 파탄 나고 말아. 부모와 자식 사이에서도 가장 본질적인 연대의 힘은 역시 사랑이야. 만일 부모가 자식을 사랑하지 않고 자식에게 무관심하거나 자식을 학대한다면 그런 부모는 사회로부터 처벌 대상이 될 수밖에 없어. 부모로서 자식에게 당연히 지켜야 할 사랑의 의무를 소홀히 했기 때문이지. 또한 부모가 자식을 학대한다면 가정이 파괴되는 것은 물론이고 사회와 국가 역시 뿌리가 흔들릴 수밖에 없어."

"그 반대 역시 마찬가지야. 자식들이 부모에게 무관심하거나 부모를 학대하는 경우가 최근 부쩍 늘어나고 있어. 디지털 기기를 비롯한 물질문명이 급속도로 발달하면서 개인의 욕망 충족이 행복으로 여겨지게 되었지. 따라서 젊은이들은 나이 든 부모들에게 대해서 부담감을 느끼면서 알게 모르게 부모를 학대한다는 거야. 자식들이 부모들에게 무관심하거나 부모들을 학대한다면 그것은 자식들 스스로가 인간 평등사상을 부정하는 꼴이 되는 것과 같아. 사랑은 평등을 포함하고 있어. 부모가 자식을 자기 몸처럼 사랑하는 것은 부모가 자식을 자기와 똑같이 여기기 때문이야. 또한 자식이 부모를 모시고 섬기는 것 역시 자식이 부모를 자신과 똑같이 느끼고 생각하기 때문이야. 그러고 보면 평등이 없는 곳에는 사랑이 있을 수 없고 또 사랑이 없는 곳에는 결코 행복이 있을 수 없어. 평등과 행복이 조화를 이룬 집단이 바로 공동체 사회인 것은 틀림없어. 그렇다면 전제군주국가나 독재국가도 공동체 사회라고 부를 수 있을까? 물론 그곳의 지배 계층들은 자기들의 국가도 공동체 사회라고 주장할 거야. 그러나 우리들이 사회를 닫힌사회*와 열린사회*로 구분할 경우 전제군주국가나 독재국가는 닫힌사회이기 때문에 그러한 국가들은 폐쇄된 집단에 불과해. 오직 절차민주주의와 대의민주주의가 투명하게 수행되는 국가들만이 열린사회이고 동시에 공동체 사회일 수 있는 거야."

독일의 사회학자 퇴니스가 말한 것처럼 사회는 어떤 사회든 이익사회와 공동사회의 두 측면을 모두 갖추고 있다. 앞에서 살펴본 전제군주국가나 독재국가는 공동 사회적 특성이 매우 약하다. 오히려 지배 계층만을 위한 이익사회의 측면이 강하다. 그런가 하면 현대에 들어 사회의 성격은 많이 달라졌다. 대부분의 사회는 이익사회적 측면과 공동사회적 측면이 팽팽하게 맞서 갈등하고 있다. 개인들은 저마다 최대한의 이익과 쾌락을 추구한다. 이익사회에 몸을 담고 있는 것이다. 그러면서도 개인들은 타인들과 서로 협조하고 타인들을 배려

닫힌사회·열린사회
프랑스의 철학자 베르그송이 구분한 두 가지 사회유형

닫힌사회
본능에 가까운 습관이나 제도에서 유래하는 사회적 의무에 따라 안으로는 개인을 구속·위압하고, 밖으로는 배타적인 폐쇄사회이다. 원시사회가 그 전형이다.

열린사회
유한적(有限的)이고 적대적인 폐쇄성을 초월한 무한의 개방적 사회로서, 인류애로 전인류를 포용하려는 사회이다.

하지 않으면 자신들의 이익과 쾌락도 획득할 수 없다는 것을 너무나도 잘 알고 있다. 그러므로 한편으로는 이익사회 속에 자리 잡고 자기들의 이익과 쾌락을 추구하는 한편, 다른 쪽에서는 공동사회에 발을 담근 채 타인들을 돕고 타인들과 협조한다.

"가장 바람직한 공동체 사회는 어떤 사회일까? 인간이 평등권을 만끽하고 행복감에 젖을 수 있는 사회가 바람직한 공동체 사회일 거야. 다시 말하자면 공정한 사회, 곧 정의로운 민주주의 사회가 가장 바람직한 공동체 사회라고 할 수 있겠지. 자유와 평등이 보장되고 사회 곳곳에서 정의가 실행되는 사회가 바람직한 공동체 사회이지. 하지만 이걸 이론적으로만 주장하는 것은 너무 추상적이고 공허해. 소위 모범적인 선진국이라고 하는 영국, 프랑스, 독일, 스위스, 네덜란드, 스칸디나비아 국가들을 찾아가서 교통 법규가 어떻게 수행되고 있으며, 상도덕은 어떤지, 음식점과 호텔의 문화는 어떤지를 살펴보고 여러 나라들을 비교해 볼 필요가 있어."

우리들 인간은 왜 사는가? 동·식물들은 본능에 따라 그냥 살아간다. 그러나 인간 존재는 행복하기 위해서 산다. 공동체의 행복이 없으면 개인의 행복도 없다. 나를 너처럼 그리고 너를 나처럼 여길 수 있는 것은 공동체 사회가 인간 존재의 기본 틀이기 때문이다. 공동체의 행복은 공동체가 정의로울 때 비로소 가능하다.

생각해 볼 문제

1. '인간은 인간에 대하여 늑대다'라는 말은 인간이 자기 이익을 위해 다른 인간을 늑대처럼 물어뜯는다는 말이다. 이는 자연 상태의 인간 상태를 말한 것이다. 그런데 인간은 자연 상태로부터 계약이라는 것을 만들어 냈다. 왜 그랬을지 이유를 설명해 보자.

2. 이기적이며 주관적인 사랑과 박애의 구체적 예들을 들어 보고 양자의 차이를 말해 보자.

3. 혈연, 학연, 지연이 왜 사회 공정성에 방해가 되는지 구체적인 예들을 들어 보자.

4. 권력과 권리의 차이를 생각해 보자. 민주주의 의식은 왜 권력을 권리화하려고 할까. 그 이유를 설명해 보자.

5. 프랑스혁명의 모토인 자유, 평등, 박애와 사회 정의의 관계를 말해 보자.

6. 공동체 사회가 행복할 수 있는 기초를 제시해 보자.

法
아~
쪽팔려

6

정의롭게 살고 싶다면

법 없이도 살 사람들

　오늘날 대부분의 도시인들은 자연을 망각한 채 하루하루를 살아가고 있다. 매일같이 반복되는 행동을 하고 무의미하게 지껄여 대며 무슨 일을 해도 전혀 진지하지 않다. 단지 호기심만 가득한 것이 우리 현대인의 모습이다.

　현대인은 개성을 상실한 평균인*이다. 옆집에서 최신 텔레비전을 구입하면 나도 비슷한 것을 들여 놓는다. 친구가 최고급 스마트 폰을 사면 나도 즉시 유사한 것을 마련한다. 현대인은 욕망의 기계이다. 현대인은 대중 속에 묻혀 그 무리를 따라가면서 자신의 주체성과 개성을 잊어버린다. 대중의 옷을 입고 대중의 목소리로 말한다.

　평균인이 되어 버린 현대인들은 법 없이도 살아갈 수 있는 사람들이다. 그러나 현대인들 중에는 지나친 욕망 때문에 법을 제멋대로 어기고 마치 자기들이 법 위에 군림하는 것처럼 착각하고 있는 사람들이 꽤 많다.

"장관 인사 청문회를 텔레비전 뉴스에서 지켜보았어. 어떤 장관 후보는 재산을 불리고 자녀를 좋은 고등학교에 보내기 위해서 6년 사이에 위장 전입을 세 번이나 했대. 위장 전입은 분명히 불법이어서 위장 전입이 밝혀지면 벌금 몇 천만 원 이하 징역 몇 년 이하의 처벌을 받아야 하는데 지금까지 위장 전입 한 장관 후보자들은 아무런 처벌도 받지 않았어. 높은 공직에 올라 시민의 모범이 되어야 할 장관 후보자들이 처벌받아야 할 불법을 저지르고도 장관이 되겠다고 궤변을 늘어놓는 것은 너무 뻔뻔한 것 아니야?"

"그뿐만이 아니야. 흔히 법 없이도 살 사람이라는 말을 하는데, 법 없이도 살 수 있는 부류는 두 종류야. 우선 일반 서민들은 법을 잘 모르고 법 없이 살아가고 있지만 법을 잘 지키고 있는 거야. 그런가 하면 막대한 세금을 포탈하는 일부 의사, 변호사들은 법을 교묘히 피해 가면서 살고 있으니 법 없이 사는 거야. 그들은 법을 피하면서 법을 지키지 않는 사회 범죄자들이야. 특히 어떤 성형외과 의사들의 경우 수술비가 부르는 게 값이래. 그러면서 세금 신고는 쥐꼬리만큼만 하거나 아예 하지 않는 경우가 있어. 이런 사회는 불평등이 구석구석까지 퍼질 수밖에 없지."

"내가 잘 아는 사람 중에 농부와 옷 수선하는 분이 계셔. 농부는 아주 구석진 시골에서 태어나서 그곳에서 자라고 평생 농부로 일했대.

몇 번 고향을 떠나 한나절씩 가까운 도시를 구경한 적은 있지만 고향에서 일생 동안 농사만 지었어. 농부는 학교에 다녀본 적이 없고 한글도 몰라. 법 없이 농사짓고 살았지만 법을 모르고 산 것이나 마찬가지야.

　옷 수선공은 현재 서울 변두리 판자촌 골목에 작은 가게를 차려 놓고 매일 출근해서 옷을 수선해 생계를 이어가고 있어. 한때는 양복점을 차려 돈도 좀 만져 보았대. 사업한다는 자식들에게 몽땅 물려주었는데 시원치 않은지 근근이 먹고 산대. 나이도 많고 체구는 작지만 몸이 단단해서 옷 수선은 자신이 최고라면서 자신감에 가득 차 있지. 옷 수선공은 이렇게 살면서 자신은 법 같은 것과는 조금만치도 관계가 없노라면서 껄껄 웃어.

농부나 옷 수선공이나 자연에 순응하면서 자신에게 주어진 천직에 충실하기 때문에 지나친 이기적 욕망을 가지지 않고 법과는 상관없이 살 수 있지."

"그런가 하면 일류 대학을 나오고 많이 배워서 사회의 높은 자리에 앉아 권력도 있고 돈도 많은 사람들이 의외로 법을 멋대로 어기는 경우가 많아. 군인 출신 전직 대통령들이 재직 시절 엄청난 비자금*을 관리한 것이 발각되어 몇백 억에서 몇천 억대에 이르는 돈을 토해 내야 한다는 법정 판결을 받고도 제대로 갚지 않고 세상을 떠났어. 또 장관이나 시장이 자기 자식이나 친지들을 편법으로 공무원에 취직시키는 경우도 있었어. 재벌 회장들을 보면 매우 교묘한 방법을 사용해 법망을 피하면서 자식들에게 막대한 재산을 물려주는 경우가 꽤 많아."

세상의 풍파에 물들지 않은 사람들은 법에 대해서 잘 알지도 못하고 법 없이도 살 수 있는 사람들이다. 역설적으로 많이 배우고 돈이 많으며 권력이 있는 사람들이 법을 만들고 법을 주무르고 이용하면서 이기적 욕망을 채우는 경우가 허다하다. 대부분의 사회 구성원들이 법 없이도 살 수 있는 사회가 있다면 그러한 사회는 정의로운 사회이다. 가진 자와 못 가진 자의 차별이 작아지고 모든 사회 구성원들이 삶의 다양한 기회를 평등하게 누릴 권리를 자유롭게 행사할 수 있는 사회야말로 정의로운 사회이다.

선과 자유

　인간을 행동으로만 판단하자면, 인과적(因果的)인 존재라고 해야 하는가 자유로운 존재라고 해야 하는가? 인간이 어떤 행동을 했을 때는 그 행동에 대해 책임을 져야 한다고 말한다. 그 근거는 어디에 있을까? 인간은 기계가 아니다. 기계는 인과율(因果律)*에 따라서 작동하지만 인간은 의지, 그것도 자유 의지에 따라서 행동한다.

　"인간의 자유 의지는 본래부터 선하다고 믿어. 그러니까 맹자가 말한 것처럼 인간의 본성은 선한 거야. 누구나 물에 빠진 아이를 보면 건져 내어 살리려고 해. 플라톤도 우주 만물의 원천은 선한 이데아라고 했어. 인간의 본성이 선하다면 인간의 자유 의지 역시 원래 선한 것일 수밖에 없어."

인과율(因果律)
모든 사물은 원인 없
이는 아무것도 생기지
않는다는 법칙

"맞아. 모든 인간은 언제나 선택의 기로에 처할 수밖에 없지만 자신의 자유 의지에 따라서 결단하는 거야. 개나 소나 말은 본능에 따라서 행동하지만 인간은 달라. 분명히 인간은 자유 의지에 따라서 결단하고 행동해. 물론 개나 소도 결단을 하지. 그런데 동물들의 결단은 본능에 따른 결단이야. 그러나 인간의 결단은 의지에 의한 결단이야. 예컨대 길거리에 일백만 원 현금 뭉치가 떨어져 있다고 하자. 아무도 없는 골목에서 돈 뭉치를 처음 발견한 사람은 우선 '이 돈을 그냥 슬쩍할까? 아니면 고스란히 경찰에 신고할까?'라고 생각하며 망설일 거야. 그러나 얼마 가지 않아 자신의 자유 의지에 따라 어떻게 행동할지 결단하는 거야."

"나는 생각이 달라. 오히려 홉스나 순자의 성악설(性惡說)이 내가 보기에는 훨씬 더 설득력 있어. 인간은 다른 동물들과 다르지. 그러나 단지 양적으로만 차이가 나. 질적으로는 전혀 차이가 없어. 말하자면 인간은 뇌신경 세포의 수가 다른 동물들에 비해서 엄청나게 많을 뿐이야. 그러므로 인간의 행동은 다른 동물들의 행동에 비해서 매우 복잡할 뿐이지. 내가 생각하기로 인간은 원래부터 이기적이기 때문에 본성은 악할 수밖에 없어. 자유 의지? 나도 자유 의지는 인정해. 인간 각자가 자신의 행동을 자유롭게 결단하는 의지가 자유 의지야. 그런데 인간의 본성이 악하니까 자유 의지 역시 악하고 이기적인 것이야. 그러면 선은 무엇이냐고? 악의 반대지. 홉스나 순자가 말한 것처럼 인간이 이기적인 면을 억제하기 위해서는 인간들끼리 서로 계

악을 하지 않을 수 없어. 계약의 내용은 악을 억제하여 선을 실현시킨다는 것이지. 악은 인간 본성에 원래 자리 잡고 있지만 악을 억제하면 선이 자연적으로 성립한다고 생각돼. 즉 악이 약해지면 선이 생긴다고 말할 수 있겠지."

"당신들 두 사람은 선이나 악은 인간의 본성이라고 하는데, 나는 두 사람과 생각이 달라. 내 입장이 뭐냐고? 나는 자연주의자야. 인간의 경험이 굳어져서 습관 내지 관습이 되는데 선이나 악은 오랜 관습을 통해서 형성된 도덕관념이라고 봐. 그러니까 선이나 악은 영원불변하는 하나님이 인간에게 준 도덕 개념도 아니고 그렇다고 인간의 본성에 원래 자리 잡고 있는 윤리 개념도 아냐. 가난하고 아픈 사람을 도와주는 행동을 우리들은 오랜 관습을 통해서 선한 행동이라고 하지. 타인을 수단으로만 대하는 행동 역시 오랜 관습에 의해서 악한 행동이라고 해.

그러면 자유 의지란 무엇이냐고? 인간은 사춘기에 접어들면 성숙한 자아 개념을 가지게 되는데 이것이 바로 주체야. 주체란 스스로 자신의 행동을 결정할 수 있어. 그러니까 주체란 자유 의지를 가진 인간이야. 어린아이들이나 정신질환자는 성숙한 자아를 소유하지 못했기 때문에 자유 의지가 아주 약하거나 아니면 결여되어 있다고 말할 수 있어. 내가 생각하기에 공동체 사회에서는 선과 자유 의지가 매우 긴밀한 관계를 맺고 있어. 공동체 사회가 열린사회로서 인간의 행복을 보장하기 위해서는 반드시 사회 정의가 실현되어야 해. 그러기 위해서는 인간의 선한 자유 의지가 충분히 발휘되어 공정한 사회가 전개되어야만 해.

물론 사람들 중에는 수단 방법을 가리지 않고 권력과 금전을 손아귀에 넣으려고 하면서 이기적 욕망을 채우려는 무리도 있어. 이런 부류의 사람들은 타인들의 자유와 평등을 전혀 인정하지 않고 오히려 자기들 존재의 우월성만 내세우려고 해. 그러나 동서고금을 통해서 인류의 역사는 우리들에게 어떤 교훈을 던져 주고 있어. 인간들이 자유롭고 평등할 때 비로소 사회 정의가 실현될 수 있다는 사실은 오랜 역사의 가르침이야."

인간은 왜 사는가? 이 물음에 대한 답은 무수히 많을 것이다. 무엇보다도 "인간은 자기 자신의 삶을 의미 있고 가치 있는 것으로 만들기 위해서 산다."라고 답하고 싶다. '가치 있는 자기실현' 또는 '자기완성'이 바로 삶의 목표일 것이다. 인간의 삶은 개인의 삶이면서 또한 공동체 사회 안에서 이뤄지는 삶이다.

만일 인간에게 선과 자유의 개념이 없다면 인간은 다른 동물들처럼 본능 충동에 따라서 살아가야 할 것이다. 성숙한 인간은 누구나 선한 자유 의지를 가지고 있기 때문에 권리와 아울러 의무를 이행할 수 있다.

인간은 수단이 아니고 목적이다

　얼마 전까지만 해도 남아프리카 공화국의 정치, 경제, 문화를 지배한 계층은 영국 출신 백인들이었다. 거의 대부분의 원주민들은 피지배 계층으로 매우 가난한 생활을 살아가고 있었다. 흑인 원주민들은 막노동을 하거나 백인 밑에서 노예처럼 일하였다.

　남아공의 열 살쯤 된 백인 소녀가 흑인에 대해서 어떻게 생각하는지 텔레비전 인터뷰에서 자신의 소견을 밝힌 일이 있었다.

“애야, 흑인 원주민도 인간이지?”

“예. 인간이에요. 그러나 백인과는 전혀 다른 인간이에요.”

“어떻게 다르지?”

“지능이 아주 모자라요. 흑인은 인간이긴 하지만 지능이 모자라기 때문에 백인들을 위해 봉사해야만 하는 인간이에요. 백인에 비해서 한참 열등하기 때문에 우리는 흑인들을 부려먹는 거예요."

인류 역사의 시초에는 모계사회가 지배적이었지만 점차 씨족사회, 부족사회 등으로 인간 집단이 사회화하면서 가부장제도가 자리 잡게 되었다. 동서양을 막론하고 가부장제도와 남녀차별은 상당히 오랜 기간 동안 사회를 지배하였다. 가부장제도와 남녀차별은 대표적인 인간 불평등 사상이다. 인류는 대부분 여기에 물들어 있다. 그러한 제도나 사고방식이 지배적인 곳에서는 사회 정의가 꽃필 수 없다.

"프로이트는 교회와 군대를 대표적인 대중 집단으로 꼽고 그러한 곳에서는 가부장적 권위가 지배한다고 말했어. 교회의 신자들은 목사의 말에 따르는 대중이지. 신자 각 개인은 개인이 아니라 대중의 일부분이야. 그건 개인이 아니야. 그 경우 개인의 생각은 중요하지 않아. 오직 대중 전체의 신앙만 중요해. 목사는 인간 각자가 의미심장하다고 생각할 수 있지. 그러나 제아무리 그렇다고 소리쳐도 대중 신도들은 목사의 말 한 마디에 이리 갔다 저리 갔다 우왕좌왕하는 거야. 프로이트는 군대 역시 개성 없는 집단이라고 했어. 군인들은 지휘관의 명령이 떨어지는 순간 그 지시에 따라서 일사불란하게 움직여. 군대에서는 지휘관의 명령에 따르지 않거나 지휘관의 지시에 복종하지 않는 행위가 절대로 용납되지 않아."

이 세상의 교회와 군대가 모두 그러지는 않을 것이다. 어떤 교회에서는 목사와 신도들이 교회 운영이나 복음 전도에 관해서 충분히 대화를 나눌 것이다. 또 어떤 군대에서는 지휘관과 군인들이 군 생활 전반에 걸쳐서 어떻게 운영을 해나갈지 충분히 생각을 나눌 것이다. 그러나 거의 모든 교회와 군대에서는 목사나 지휘관이 목적이다. 구성원들은 단지 수단일 뿐이다. 인간 각자가 더 이상 수단이 아니고 목적일 경우 인간은 자유와 평등을 소유함으로써 사회 정의를 실현시킬 수 있을 것이다.

"인간이 목적일 경우에만 사회 정의가 실현될 수 있다는 사고방식이 확실하게 드러나기까지는 장구한 인간 의식의 전개 과정이 필요했어. 금권(金權)과 정치권력을 가진 사람이 목적이고 그렇지 못한 사람들은 수단에 불과했던 것이 그렇게 먼 과거의 일은 아니야. 조선시대에만 해도 남사당패에서 재주부리던 광대, 도공, 또는 갖바치, 환쟁이, 노래꾼 등은 사회의 맨 밑바닥에 속하는 천민들이었어. 요새는 그런 사람들이 연예인이나 예술가로 부(富)와 명성을 한껏 누리는 경우가 많지만. 농노나 머슴은 아예 성도 없었고, 양반 상전들을 위해서 자손 대대로 봉사해야만 했어.

사실 얼마 전까지만 해도 돈도 없고 권력도 없는 평민들은 지배층들을 위한 수단에 불과했어. 지금은 참 많이 좋아진 거야. 직장마다 노동조합이 있어서 노동자의 권리를 주장할 수 있게 되었어. 남녀차별도 많이 고쳐졌지. 전에는 직장 여성이 결혼하거나 임신하면 당장 퇴사했어. 최근에는 여학생들도 사관학교에 입학할 수 있고 몇몇 대학에서는 여대생들이 재학 중 군사 훈련을 이수하고 장교로 임관할 수 있는 제도까지 도입되었어.

과거 우리나라에서는 남존여비(男尊女卑) 사상이 너무 심했어. 여성은 일생 동안 남성의 수단에 불과했지. 지금은 겉으로는 완전한 남녀평등이 실현되고 있어. 그래도 속을 들여다보면 여전히 남녀불평등이 존재해. 이는 마치 우리 사회 곳곳에 겉으로만 인간 평등사상이

퍼져 있고 그 안에는 불평등 사상이 여전히 끈질기게 자리 잡고 있다는 애기야. 남녀노소를 불문하고 인간은 각자가 서로를 존중하고 배려하고 사랑해야 해. 그러면 타인을 나 자신과 같이 삶의 목적으로 대할 수 있지. 그렇게 되면 사회 정의도 제대로 실현될 수 있을 거야."

죽는 날까지 수양하여야 한다는 말이 있다. 인간이란 일상성의 틀에 갇혀서 항상 근시안적으로만 대상을 바라보기 쉽다. '등잔 밑이 어둡다.'는 말은 여기저기 보지 못하고 눈에 보이는 환한 곳만 본다는 뜻이다. 인간은 누구나 자기중심적이기 때문에 어두운 등잔 밑을 제대로 살피지 못한다. '우물 안 개구리'라는 말도 자기 중심적인 인간의 모습을 암시한다. 우물 안 개구리는 우물이 이 세상 전부인 줄 안다. 사회의 지배 계층은 평민을 오직 자기들을 위한 수단으로만 여기기 쉽다.

인간은 누구든지 수단이 아니고 목적이다. 인간을 삶의 목적으로 명백하게 인식할 경우에만 사회 정의가 가능하다.

절차적 민주주의는 어떤 것일까

　민주주의는 말 그대로 국민이 국가의 주인이라는 이념이다. 적어도 근대 이후 지구상에 존재하는 모든 국가들은 민주주의라는 정치 체제를 도입하였다. 오늘날 현존하는 모든 국가들은 예외 없이 민주주의 정치를 수행하고 있다고 주장한다.

　"단지 말만 민주주의인지 아니면 현실 정치가 민주주의인지가 중요해. 독재국가에서는 독재자와 지배 계층이 민주주의 정치를 실행하고 있다고 주장할 것이 뻔해. 그들이 주장하는 민주주의는 단지 구호에 불과해. 그들은 사실상 민주주의라는 허울 아래에서 독재를 행하고 있는 거야. 예컨대 북한은 3대째 세습 독재를 하면서도 조선인민민주주의공화국이라는 나라 이름을 쓰고 있어. 북한의 지배 계층은 자기들도 모든 것을 희생하면서 국민을 위해 정치한다고 외치고 있어. 중국의 지배자들도 정치적으로는 공산당 일당 독재를 하면서도 자기들은 오로지 국민의 평화와 행복을 위해서 밤낮 가리지 않고 노력한다고 주장해. 누구나 다 아는 구 소련의 독재자 스탈린도 그렇고 제2차 세계대전의 주범인 히틀러도 모두 국민을 위해서 민주주의 정치를 행한다고 굳게 믿었어. 엥겔스*와 함께 『공산당 선언』*을 작성하고 노동자들에 의한 공산주의 혁명을 부르짖었던 마르크스 역시 국민의 행복을 위한 민주주의를 실현시키려고 했어. 그러나 일당 독재에 의한 정치는 결코 민주주의 정치가 될 수 없었어. 오늘날 우리들이 지지하는 민주주의는 공정한 민주주의야. 공정한 민주주의는 사회 정의를 지지하며 실행하는 그러한 정치 형태야."

"내가 좀 더 보충해서 설명할게. 사회 구성원이 행복을 누릴 수 있는 민주주의 사회는 바로 정의로운 사회라고 할 수 있겠지. 정의로운 민주주의 사회는 우선 대의민주주의 사회야. 그런데 대의민주주의 사회의 조건이 있어. 공산당 일당 독재국가에서도 중앙당에서 임명한 인민의 대표들이 마치 국회의원인 양 국민을 대변한다고 주장하는 경우들이 있는데 이런 경우는 사이비 대의민주주의에 해당해. 대의민주주의는 우선 사회 구성원들의 자유로운 투표 권리를 보장받아야 해. 또 대의민주주의는 다수의 정당을 공적으로 인정해야 해. 어떤 사회주의 국가들에서는 공산당 하나만이 절대권을 가지고 몇 개 소수 정당도 정치력을 가지지만 실은 공산당의 사주를 받은 허수아비 정당들인 경우가 많아. 대의민주주의 체제 아래에서 국민들은 자유로운 투표권을 가지고 자신의 정치적 견해에 따라서 정당과 정치인을 선택하여 투표할 때 비로소 다원적인 정치적 의사소통이 가능해지는 거야. 다원적 의사소통은 닫힌 사회의 독단을 해체하고 열린사회를 위한 기초를 마련할 수 있어.”

“대의민주주의는 현대 사회에서 어쩔 수 없이 우리들이 선택할 수밖에 없는 정치 형태야. 대의민주주의는 오늘날 우리들이 선택한 최선의 방법이야. 대의민주주의는 직접적인 정치 참여와 간접적인 정치 참여 두 가지를 접목해 조화롭게 운용하기 때문이지. 예컨대 나는 직접 시장 선거나 국회의원 선거에 참여해서 내가 좋아하는 정당과 정치인을 고를 수 있어. 이렇게 해서 선출된 시장이나 국회의원은 나와 사회 구성원들을 위해 시정(市政)이나 국정(國政)을 하는 거야.”

“그렇다면 대의민주주의는 절차적 민주주의라고 할 수 있지. 링컨이 말한 국민에 의한, 국민을 위한, 국민의 정치는 대의민주주의면서 동시에 절차적 민주주의야. 독재나 전제 정치는 확실히 절차적 민주주의와 본질적으로 다를 수밖에 없어. 옛날에는 초등학교나 중·고등학교에서 반장을 뽑을 때 담임선생님이 아예 지명하는 경우가 흔했어. 이런 경우는 민주적 절차가 무시된 거야. 여러 명의 후보들이 나와서 학급을 위해서 무엇을 어떻게 하여 학급을 발전시키겠다는 소견을 발표한 후 반 학생들이 비밀투표를 해서 과반 이상 득표한 후보가 반장으로 당선되는 것이 절차적 민주주의를 채택한 선거 방식이겠지. 절차적 민주주의는 공정성도 포함되어야 해.

만일 반장 선거에서 어떤 후보가 돈이나 선물로 학급의 학생들을 자기편으로 끌어들였다면 그런 태도는 공정성을 무시한 입장이야. 후보들이 소견 발표만 하고 투표하기로 했으면 정해진 시간 안에 소견 발표를 하고 다른 행동은 하지 말아야 공정한 거야. 그리고 학생 세 명 이상의 추천만 있으면 후보가 될 수 있는 경우, 그렇게 추천받은 학생은 누구나 후보가 되어 소견을 발표할 수 있어야 공정한 거야. 집안이 부자건 가난하건, 얼굴이 잘생겼건 못생겼건, 공부를 잘하든 못 하든, 세 명 이상의 추천받은 학생은 떳떳하게 반장 후보가 되어야 반장 선거에서도 공정한 민주주의가 시행되는 거야. 그래야만 장차 청소년들이 사회 정의를 실현할 수 있는 기본을 배울 수 있어."

민주주의 정치와 사회 정의는 서로 맞물려 있다. 이들 두 가지는 하루아침에 성숙되지 않는다. 서양의 민주주의만 보아도 그리스·로마 시대, 중세, 르네상스 그리고 근대라는 장구한 시간을 거치면서 가다듬어져 왔다. 인간은 오랜 기간에 걸쳐서 다양한 체험을 익히고 그것을 되새길 때 나와 남의 인격이 평등하다는 것을 느낄 수 있다. 동시에 인간은 자신의 자유가 소중한 만큼 다른 사람의 자유도 그에 못지않게 고귀하다는 것을 깨달을 수 있다.

사회에 만연한 불평등

불평등이 널리 퍼져 있는 사회는 공동체 의식이 희박한 사회이다. 공동체 의식이 희박할 경우 개인과 개인의 갈등, 집단과 집단의 알력이 심해질 수밖에 없다. 요새 우리 사회에서 양극화가 점점 더 심해지고 있다.

사람들 사이의 대화와 토론과 의사소통은 인간관계를 원만하게 해 줄 뿐만 아니라 공동체 의식을 성숙하게 만들어 준다. 그러나 디지털 기기가 극도로 발달하고 이기적 욕망 충족의 기운이 가득한 현대 사회에서는 오직 자기 자신만의 쾌락만 추구하는 경향이 강해진다. 가족들 사이에서도 대화가 단절되고 갈등만 증폭되고 있다.

가족 해체 위기는 바로 사회생활의 가치관의 붕괴로 연결된다. 제아무리 일류 고등학교와 명문 대학을 나오고 의사나 교수 또는 판검사나 변호사를 오래 했다고 해도 그릇된 가치관을 가지기 쉬운 것이 오늘날 우리 사회의 현실이다.

과거 어느 장관급 후보자가 인사 청문회를 앞두고 어쩔 수 없이 후보를 자진 사퇴하는 일이 벌어졌다. 야당에서는 후보자가 자격이 없다고 맹공격했고 여당에서조차 이 후보자가 대통령 측근에서 일했고 최근 변호사로 일하면서 월급 1억 원을 받은 것은 전관예우*이기 때문에 장관급 자리에 앉을 자격이 안 되니 사퇴해야 한다고 주장했다.

"내가 직접 봤다니까. 그 사람은 기자 회견을 하면서 아주 당당했어. 지금까지 떳떳하게 30년 이상을 검사로서 한 점 부끄러움 없이 일했다고 주장할 때 그는 나름대로 신념에 차 있었어. 그런데 그가 '처음 검사로 일하는 젊은 사람과 검사 생활 30년 이상 한 사람과 급여가 똑같을 수 있습니까? 오랜 경륜을 가진 사람이 월 1억 원 급료를 받는 것은 당연하다고 생각합니다.'라고 의연하게 말할 때 사회 지도층에 있는 사람들의 의식은 저런 걸까 하고 깊이 생각해 보지 않을 수 없었어. 그럼 어떤 분야에서 30년 이상 일해서 전문가가 된 사람은 모두 월 1억 원 이상의 급여를 당연히 받아야 만 하는 것인가? 현재 우리는 남북이 분단되어 있어. 북녘 땅에는 굶어 죽어가는 사람들이 부지기수라지. 남쪽에도 여전히 달동네가 있고 점심 굶는 학생들도 꽤 많아. 근로자 평균 임금이 삼백만 원 정도래. 아파트 경비 아저씨

들 월급이 이백만 원 안팎이야. 그런데 경력 30년 이상이면 월 1억 원
정도 급여는 당연히 받아야 한다고 말하는 사람이 장관급 후보자라
니, 이런 사람의 가치관은 도대체 어떻게 형성되었을까?”

“그와 같은 장관 후보자의 경우를 보면 우리 사회의 양극화가 얼마
나 심각한지 잘 알 수 있어. 물론 인간 사회에는 차이가 있을 수밖에
없어. 인간은 기계가 아니야. 머리가 똑똑한 인간이 있는가 하면 두
뇌 회전이 빠르지 못한 인간도 있어. 몸이 튼튼한 인간이 있는 반면
에 약골도 있어. 아름다운 외모를 가진 사람이 있는가 하면 어느 모
로 보아도 아주 못생긴 사람도 있어. 현실적인 차이를 인정하면서도
이와 같은 차이를 최소화하고 인격의 평등을 실현하는 사회가 정의
로운 사회야. 하기야 능력이 아주 뛰어나다면 많이 벌어야 해. 그 대
신 많이 버는 만큼 세금이나 기부금으로 사회에 환원할 줄 아는 사람
이 인간 평등을 의식하고 있는 인간이야.”

“맞는 말이야. 또 지나친 상업주의도 인간 평등사상에 커다란 장애
물이야. 상업주의는 한탕주의*를 조장해. 텔레비전, 스마트 폰 등의
매체는 인간을 개성 없는 대중 집단의 부속품으로 전락시키고 말아.
소위 특정한 유명 연예인은 광고 방송 몇 편에
나와서 갑자기 부자가 되고 대중들은 자기들
도 의식하지 못한 채 집단 최면에 걸려 거의
강제로 상품을 구매하면서 자유로운 평등권을
스스로 포기해 버리는 거야.”

“우리 사회 곳곳에 만연한 불평등을 없애기

위해서는 무엇보다도 어려서부터 교육이 절실히 필요해. 사람들은 남녀평등을 외치면서도 여전히 남녀차별을 부추기고 있어. 미인대회는 여성을 상품화하니까 폐지해야 한다면서도 각종 미인대회가 여전히 개최되고 있어. 미인대회에서 진, 선, 미에 당선된 여성들은 각계각층에서 특별 대접을 받고 있는 실정이야. 대기업에 취직하는 데 학벌이 뭐 중요하냐고 말하지만 알게 모르게 여전히 학연이 중요한 변수로 작용하고 있어. 그런데 분명히 해야 할 것은 평등이 양적(量的)으로 다 똑같다는 뜻은 아니라는 거야. 우선 평등은 각 사람의 인격의 가치가 질적(質的)으로 동일하다는 것이야. 다음으로 평등은 어떤 현실적 사태에 대한 기회가 모든 사람들에게 동일하게 제공되어야 한다는 거야. 현존하는 불평등을 평등으로 승화시키는 사회가 바로 공동체 사회야."

우리들은 장기간에 닫힌사회에서 살아오면서 인간은 본래부터 불평등하다는 의식에 젖어 있다. 그러나 이제 우리들은 각성된 민주 의식을 가지게 되었고 다양한 정치, 경제, 사회, 문화의 체험을 해보았다. 이제 열린사회에서 우리들은 인간 불평등을 현실적으로 인정하면서도 그 불평등을 평등으로 고양시킬 수 있는 사회 정의를 외쳐야 할 시점에 와 있다.

평등의 원칙과 차등의 원칙

일반적으로 정의에 관한 이론을 들자면, 플라톤의 정의론, 칸트*의 정의론, 그리고 공리주의의 정의론의 세 가지가 대표적인 것이다.

"플라톤의 정의론은 형이상학적 윤리설을 기본으로 삼은 주장이야. 왜 그러냐고? 그거야 플라톤의 윤리 이론이 형이상학적인 선을 기초로 삼고 있기 때문이지. 형이상학이 뭐냐고? 말 그대로 풀이하자면 형태를 넘어선 학문이야. 그러나 형이상학이란 사물과 사태의 존재가 무엇이며 나아가서 존재의 원천이나 원리가 무엇인지를 탐구하는 철학의 한 분과야. 형이상학은 인식론(앎의 이론), 윤리학, 미학, 논리학 등과 함께 철학의 중요한 한 분야이지. 플라톤은 인간의 지혜, 용기, 절제가 세 가지 주요 덕목들이고, 이것들이 조화를 이룰 때 정의라는 덕이 성립한다고 보았어. 국가에서는 지혜를 가진 왕, 용기를 가진 전사, 절제하는 생산자들이 조화를 이룰 때 정의가 바르게 시행된다고 보았어. 그런데 지혜, 용기, 절제가 가능한 근거는 모든 만물의 원천인 선의 이데아야. 플라톤이 말하는 선의 이데아는 말하자면 형이상학적인 세계의 원리야."

"그렇구나. 그러나 칸트의 정의론은 플라톤과는 달라. 칸트의 정의론은 그의 직각적(直覺的) 윤리설, 말하자면 직관주의 윤리설을 바탕으로 삼고 있다고 할 수 있어. 인간은 누구나 직접 알 수 있는 도덕 법칙을 본래부터 가지고 있다는 것이 칸트의 주장이야. '너의 의지의 준칙(準則)이 동시에 보편적인 입법 원리로서 항상 타당할 수 있도록 행동하라'가 바로 칸트가 말하는 도덕 법칙이야. 칸트는 도덕 법칙을 다른 두 가지 형식으로 표현하고 있어. '너 자신을 포함한 모든 인격에 존재하는 인간성을 항상 목적으로 대하고 결코 단순한 수단으로서 이용하지 말라.' '모든 이성적 존재자는 그 준칙에 의하여 항상 보편적 목적의 왕국의 입법적 성원인 것처럼 행동하라.' 여기에서 준칙은 주관적인 도덕 원칙이야. 우리가 행동할 때 단지 주관적 원칙만을 고집하여 행동해서는 안 되고 당연히 보편적 입법 원리에 알맞게 주관적 원칙을 사용하여야 한다는 거야. 칸트에 의하면 도덕 법칙에 따르는 행위야말로 정의로운 행동인 거야."

"내가 보기엔 플라톤이나 칸트는 모두 독단적이야. 경험을 떠난 형이상학적 선을 바탕으로 삼은 정의나 보편적인 도덕 법칙으로서의 정의란 모두 영원불변하는 건데 그런 정의가 과연 있을까? 정의란 어디까지나 경험적이면서도 관습적인 것이라고 봐. 인간도 동물들 중 하나이고 동물에게는 영원불변하며 보편 필연적인 것은 없기 때문이지. 우리들은 솔직해야 해. 솔직히 말해서 인간은 신경세포가 기하급수적으로 많아지면서 지성 능력을 발휘하기 시작했어. 인간은 사고하고 언어를 창안했으며 개념을 창조함으로써 도덕, 종교, 예술, 철학 등의 문화를 형성하게 되었어. 드디어는 기계 문명까지 발달시키면서 자신이 만들어

낸 문화와 문명의 혜택을 누리면서 역사의 수레바퀴를 돌려가고 있는 것이 인류가 아니겠어? 그런 의미에서 나는 공리주의에서 주장하는 '최대 다수의 최대 행복'이 바로 사회 정의와 똑같다고 생각해."

정의 이론에 관한 현대의 대표적 철학자는 하버드 대학 교수 존 롤즈인데, 그는 『정의론』에서 입헌 민주주의의 토대로서 '공정함으로서의 정의(justice as fairness)'를 상세하게 논의하고 있다. 롤즈는 플라톤, 공리주의, 칸트 등의 정의 이론을 분석하고 비판함으로써 종래의 정의 이론을 종합적으로 연구하여 자신의 공정성 정의 이론을 체계적으로 제시하고 있다.

"롤즈의 『정의론』은 현대의 고전이야. 지금까지 민주주의 사회에서 말하는 정의론의 기초는 사실 공리주의였어. 그런데 공리주의의 '최대 다수의 최대 행복'이라는 원칙은 집단적 대중 중심이고 개인의 행복은 좀 무시당하는 경향이 있었어. 가령 여기 열 사람이 있는데, 아홉 사람은 등산에서 최대의 쾌감을 느끼고 나머지 한 사람만 수영에서 쾌감을 느낀다고 해봐. 산으로 갈지 바다로 갈지를 투표해서 대다수인 아홉 사람이 산에 가기로 결정해서 모두 등산을 갔다고 쳐. 등산을 싫어하고 수영을 좋아하는 사람은 울며 겨자 먹기로 산행하지 않으면 안 된다고. 그러면 공리주의의 '최대 다수의 최대 행복'은 다수 중심이고 소수는 무시하게 되지. 이런 의미에서 롤즈의 정의론은 공리주의 정의론에 대한 체계적이자 합리적인 대안이라고 할 수 있어."

"그래 맞아. 나도 롤즈의 『정의론』을 밤새며 읽어 보았는데 가장 종합적인 현대의 정의론인 것 같아. 그가 말하는 공정함은 사회 계약이라는 합의를 전제로 삼아. 어떤 사태든지 사회 구성원들 사이의 합의가 없다면 그것은 공정하지가 못해. 공동체 사회 구성원들이 대화하고 토론하고 의사소통함으로써 합의한다면 그것은 누구에게든지 평등하게 인정되는 사태를 형성하게 돼. 그런데 지금까지 대부분의 철학자들이 정의의 바탕을 선으로 보았지. 이에 비해 롤즈는 정의의 기초를 올바름으로 보았어. 그것이 그의 장점이라고 할 수 있어. 그 이유가 뭐냐고? 만일 선이 신적인 것이거나 불변하는 인간 본성이라면 선이란 보편 필연적인 것이어서 논의의 대상도 안 되고 합의의 대상도 될 수 없어. 그러나 올바름이 정의의 근거라면 이야기는 달라지지. 대화하고 토론하며 의사소통을 하는 과정을 거쳐 합의를 이룬 다음에 사회의 공정함을 이끌어 가야 한다는 것이 롤즈의 주장이야."

"어떻든 간에 롤즈의 정의론은 크게 두 가지 원칙을 민주사회의 기본으로 제시하고 있어. 롤즈가 말하는 정의의 두 가지 원칙은 공정한 기회평등의 원칙과 차등의 원칙이야. 예컨대 돈을 벌거나 직장에 취직하거나 집회를 하기 위한 기회는 모든 인간에게 똑같이 개방되어야 한다는 것이 공정한 기회평등의 원칙이야. 이것은 다시 말하자면 자유로운 기회평등의 원칙이라고도 할 수 있어."

"롤즈의 두 원칙을 정리해 볼게. 첫 번째 정의의 원칙은 '각 개인은 평등한 기본적 자유에 대해서 평등한 권리를 가진다.' 두 번째 정의의 원칙은 '사회적 및 경제적 불평등은 모든 사람들의 이익을 합리적으로 도모할 수 있도록 질서 정연하게 정리되어야 하며, 그 상황이 모든 사람들에게 개방되어야 하고 일과 결부되어야 한다.' 같은 내용이지만 줄여서 말하자면 인간은 자유에 대한 평등한 권리를 가져야 하고, 불평등은 인정하되 불평등을 최소화함으로써 못 가진 자들의 이익을 위한 정책을 실행하여야 한다는 거지."

"롤즈가 시민들이 합의해야 올바르다는 것이 인정되고 그것을 근거로 해서 사회 정의가 가능하다고 주장한 것은 매우 합리적이야. 그러나 시민들이 정의감을 가지고 있으며 선개념에 대한 기본 능력을 가지고 있다고 말한 것은 다분히 독단적인 것 같아. 그러나 롤즈가 말한 시민 합의의 필요성 주장은 탁월한 견해야. 물론 공리주의에서 주장하는 '사회 계약'을 롤즈는 '합의'로 바꾸었어. 합의는 의회 민주주의의 기초이고 분배 정의와 아울러 사회 정의를 가능하게 해."

자유와 평등과 박애는 사회 정의의 핵심 내용이다. 21세기에 들어와서 우리나라의 입법부와 사법부와 행정부는 사회 복지에 특히 관심을 가지고 많은 제도들을 제시하고 있다. 이런 노력은 롤즈 정의론에 있는 차등의 원칙을 실현하려는 노력이다.

사회 정의의 실현을 위해 무엇보다도 선행하여야 하는 것은 시민들의 다양한 대화, 토론 및 의사소통을 거친 합의이다. 합의 과정이 생략된 정책 결정은 위험한 독단이다.

민주주의 교육과 사회 정의

왜 인간은 닫힌사회를 해체하고 열린사회에서 자신의 삶을 영위하려고 하는가? 닫힌사회는 특정한 이데올로기가 사회 구성원들을 지배하고 억압하는 사회이다. 그런가 하면 열린사회는 다원적인 사회로서 다양한 이데올로기들이 대화와 토론 및 의사소통을 거쳐서 합의를 이룬 사회 정의가 실현되는 사회이다.

"칼 포퍼"라는 철학자가 『열린사회와 그 적들』이라는 책을 썼는데 그 책 안에서 포퍼는 닫힌사회와 열린사회를 명백히 구분하고 있어. 닫힌사회는 독단론이 지배하는 사회인데 전제군주국가와 공산독재국가 등이 대표적인 닫힌국가야. 그런가 하면 입헌민주주의 제도를 채택하고 있는 선진 국가들은 열린사회의 좋은 예들이야. 민주주의(demokratia)라는 말은 고대 그리스의 말인데 '국민의 지배'를 의미해. 그러니까 민주주의 제도라고 하면 국민이 지배하는 정치제도를 뜻하는 거야. 그런데 오늘날 후진국들이나 개발도상국 국민들의 의식은 어떤지 알아? 사람들은 대통령이나 수상 또는 국회의원들이나 장관들이 국가를 지배한다고 생각하고 있어. 만일 국민들이 그렇게 생각하는 국가가 있다면 그런 국가는 아직 민주주의가 제대로 정착되지 못한 국가야."

"그래. 민주주의 정치제도가 하루아침에 뿌리내릴 수는 없어. 민주주의는 정말 성숙한 정치 형태야. 고대 그리스 철학자 아리스토텔레스는 정치 체제의 변화를 전제군주 정치(왕정), 과두 정치, 귀족 정치, 민주 정치의 순서로 나열했어. 전제군주 정치는 왕 혼자 지배자가 되는 정치이고, 과두 정치는 두세 명이 함께 지배자가 되는 정치 체제야. 귀족 정치는 말 그대로 다수의 귀족들이 원로원을 구성해 국가를 통치하는 정치 체제지. 그런데 아리스토텔레스는 민주 정치를 폭민 정치라고 했대. 아리스토텔레스는 가장 바람직한 정치 체제는 다수의 사회 엘리트인 귀족들이 다스리는 귀족 정치라고 했대. 민주주의는 대중 천민들이 무질서하게 권력을 잡는 정치이기 때문에 폭민 정치라고 했던 거야. 그러나 근대 이후 영국의 민주주의를 시발점으

칼 포퍼(1902~1994)
오스트리아 태생의 영국의 철학자. 과학철학자로서 객관적인 지식을 탐구하였으며 그것이 가능한 방법을 역설하였다.

『열린사회와 그 적들』
전체주의에 대한 비판과 자유주의 이념의 정당화를 시도한 칼 포퍼의 저서. 전체주의 정치체제의 이념적 허구성과 비도덕성에 대해 통렬히 비판했다.

로 민주주의는 입헌민주주의*이면서 의회민주주의*로 변했어. 영국의 의회민주주의야말로 현대적인 민주주의 기법이지. 대의민주주의와 절차적 민주주의를 대변해. 영국의 민주주의는 자유와 평등을 각성한 시민의식의 발로라고 할 수 있어. 중세 봉건사회에서 봉건 영주의 세력 밑에 있던 자유농민들을 비롯해서 농노들은 점차 자기들의 농토를 가지기도 하고 대도시로 진출해서 자유 상인으로 변신하면서 점차로 금권과 아울러 정치적 세력도 소유할 수 있었어. 드디어 그들은 자유 시민이 되어 자유와 평등을 외치고 누릴 수 있는 시민의식의 소유자들이 되었지. 힘을 가진 자유 시민들은 선거를 통해 국회의원이 되었지. 그러면서 드디어 의회민주주의라는 민주주의 제도의 꽃을 피울 수 있었던 거야."

"그렇구나. 민주주의 사회는 정말 열린사회를 말해. 개인은 물론이고 특정 집단도 자기들만의 욕망과 이익을 충족시키려고 하기 때문에 타인이나 다른 집단에 대한 배려란 그렇게 쉬운 것이 아니야. 그럼에도 공동체 사회의 사랑과 협력을 고려하면서 이타적(利他的) 관심을 가지고 타인들을 돕고 후원할 수 있는 의식이란 오랜 기간을 거쳐서 각성되고 성숙된 시민의식임이 분명해. 민주주의 시민의식이란 바로 사회 정의에 관한 각성된 의식임이 분명해. 민주주의는 자연적으로 성숙할 수 없어.

인간은 어디까지나 지성적인 존재이기 때문에 인간이 사회 정의에 관한 성숙한 의식을 가지기 위해서는 민주주의 교육이 필수적이야. 그러니까 유치원에 들어가기 이전의 아이들에게는 가정 안에서 가족들 간의 사랑과 협력이 얼마나 중요한지 실천적으로 체험하게 할 필요가 있어. 말하자면 홀로서기와 형제들끼리 서로 돕기 등을 가르쳐 주어야 해. 유치원에 들어간 후부터 초·중등학교에 다니기까지는 친구들 간의 애정과 협력이 어렵고 쉬운 각종 문제들의 해결에 얼마나 큰 도움이 되는지 이론 및 실천적으로 배울 필요가 있어."

"그래. 칼 포퍼는 『열린사회와 그 적들』에서 플라톤, 헤겔, 마르크스 등이 주장한 이상 사회들은 닫힌사회라고 했어. 플라톤이나 헤겔은 절대왕권 정치를 그리고 마르크스는 노동당(또는 공산당) 일당 독재를 주장했어. 절대왕권 정치제도나 노동당 일당 독재정치 아래서는 인간의 자유, 평등, 박애 등이 보장될 수 없어. 또 그런 닫힌 정치제도 아래서는 인간의 정치, 경제, 사회적인 의식이 성숙할 수도 없고 따라서 사회 발전도 있을 수 없지. 포퍼가 플라톤, 헤겔, 마르크스 등을 가리켜서 열린사회의 적들이라고 맹렬히 공격한 데에는 다 그만한 이유가 있는 거야."

사회 정의는 민주주의 사회의 실현을 위한 가장 핵심적인 요소이다. 사회 정의를 위해서는 민주주의 교육이 필수적이다. 인간의 권리는 자유와 평등을 보장하는 사회 정의로 실현된다. 인간은 민주주의 교육을 통해서 인권의 의미를 이해하고 체험할 수 있다. 민주주의 교육은 사회 정의를 확립할 수 있는 인간의 능력을 각성시켜 준다. 성

실하고 부단한 민주주의 교육은 사회 구성원들로 하여금 인간의 자유
와 평등을 구현할 수 있는 사회 정의를 근본적으로 의식하게 해준다.

생각해 볼 문제

1. 법 없이 살 수 있는 사람들은 어떤 사람들인가? 그들은 왜 법 없이도 살 수 있을까?

2. 인간은 누구나 자유 의지를 가지고 있다. 인간은 어떤 경우 자유 의지에 의해서 사태를 결단하는가?

3. 인간은 수단인가 아니면 목적인가? 인간이 수단인 이유, 또는 인간이 목적인 이유를 설명해 보자.

4. 대의민주주의와 절차적 민주주의에 관해서 설명하고 구체적 예를 들어 보자.

5. 사회에 만연한 몇 가지 불평들의 예를 들고 그것을 제거할 수 있는 방책을 제시해 보자.

6. 공정함으로서의 정의는 두 가지 원칙을 가지고 있다. 두 가지 원칙을 설명해 보자.

7. 사회 정의의 실현을 위해서는 민주주의 교육이 반드시 필요한 이유를 제시해 보자.

청소년을 위한 정의론

초판 1쇄 2011년 3월 20일
초판 15쇄 2024년 4월 10일

지은이 | 강영계
펴낸이 | 송영석

주간 | 이혜진
편집장 | 박신애 **기획편집** | 최예은 · 조아혜 · 정엄지
디자인 | 박윤정 · 유보람
마케팅 | 김유종 · 한승민
관리 | 송우석 · 전지연 · 채경민

펴낸곳 | (株)해냄출판사
등록번호 | 제10-229호
등록일자 | 1988년 5월 11일(설립일자 | 1983년 6월 24일)

04042 서울시 마포구 잔다리로 30 해냄빌딩 5·6층
대표전화 | 326-1600 **팩스** | 326-1624
홈페이지 | www.hainaim.com

ISBN 978-89-6574-307-1

파본은 본사나 구입하신 서점에서 교환하여 드립니다.